# INVERSIÓN INMOBILIARIA EN SUBASTAS

## Cómo encontrar oportunidades auténticas

Arlesis Zapata

ISBN: 978-1-967167-25-8

Asesoramiento y Metodología sobre la creación del Libro:
Lioc Editorial



Renuncia de responsabilidad: La información presentada en este libro tiene propósitos informativos y no reemplaza el asesoramiento profesional. Aunque se han hecho esfuerzos para garantizar su precisión, el autor no asume responsabilidad por el uso o interpretación de la información. Se recomienda buscar asesoramiento calificado y ejercer el juicio propio al aplicar cualquier consejo o estrategia mencionada. El lector acepta que el autor no será responsable por cualquier pérdida o daño derivado del uso de este libro.

Hay algo que quiero compartir contigo...

Haz clic en el enlace o utiliza tu móvil para acceder a través del QR:

https://esc.anea.me/az_bienvenida

Puedes descargar el Audiolibro leído por el autor, en la última página.

Totalmente gratis

# AGRADECIMIENTOS

En primer lugar, quiero expresar mi gratitud a mi familia, a mi madre y a mis queridísimos hermanos José, Ferney y Elizabeth por ser mi inspiración, por quererme y por permitirme quererlos. Un agradecimiento especial a mi hermana Elizabeth, por ser mi fuente de motivación y ánimo en los momentos difíciles, y a mi cuñado Christian, por su confianza.

A mi pareja, Xavi, gracias por darme el espacio necesario para dedicarme de lleno a cumplir con mi propósito.

De todo corazón, gracias a mis adorados hijos, Paola, Alejandro y mi sobrina Anggy, por ser mi motor de vida, mi fuente de amor y paz interior.

Quiero continuar con un enorme agradecimiento a Alex, Juanma, Adam, Cristian, Carlos e Isabel, y a todo el equipo de LIOC Editorial, por vuestro esfuerzo y dedicación para hacer posible este libro. Gracias por ayudarme a cumplir el sueño de dejar una contribución positiva para tantos agentes inmobiliarios que desean iniciarse en el apasionante mundo de las subastas judiciales.

De manera especial, quiero dar las gracias a mi brillante agente literario, Alex Mediano, por acompañarme desde el inicio de este proyecto, por su apoyo constante, por confiar en mí y por guiarme con sus ideas y experiencia a la hora de estructurar y enfocar este libro.

También quiero reconocer a mis alumnos y alumnas, quienes han sido una parte fundamental de este proceso. Con ellos he podido poner a prueba mi método y, sobre todo, aprender valiosas lecciones que hoy forman parte de estas páginas.

Mi agradecimiento se extiende a Blanca Peñafiel, por la excelente gestión de las redes sociales y por su compromiso para que este libro llegue a muchas personas, tanto en España como en toda la comunidad hispanohablante, especialmente a quienes forman parte del sector inmobiliario.

Gracias a todos mis colegas del sector, al equipo de la Clau Brava Inmobiliaria, a su CEO Mireia por su apoyo incondicional, sus ideas, a mis compañeros Tony y Elena por estar siempre ahí con su alegría y asistencia.

A los lectores y estudiantes, gracias por su interés y confianza, que son la verdadera razón de ser de este trabajo.

A mis amigos y amigas, por su apoyo emocional incondicional.

Y a las instituciones y asociaciones que han respaldado mi labor, gracias por creer en este proyecto.

Finalmente, agradezco a la vida, a Dios, a esa Inteligencia superior, al Universo —o como cada uno prefiera llamarlo—, por la oportunidad de vivir en esta era de avances tecnológicos que nos permiten crear, comunicar y aportar al mundo de formas que antes parecían impensables. Gracias a ello, he podido dar forma a un libro que no solo comparte conocimientos sobre subastas, sino que también lleva un mensaje de crecimiento personal y profesional.

Mi amor por esta vida es inmenso, y mi deseo es que este libro sea una fuente de inspiración para todos aquellos que buscan aprovechar al máximo las oportunidades que nuestro tiempo nos ofrece.

# ÍNDICE

# PRÓLOGO

Cuando uno se adentra en las páginas de un libro como el que tienes entre manos, no tarda en descubrir que no se trata simplemente de un manual técnico ni de una guía más sobre inversión o subastas. Este libro es el reflejo vivo del carácter de su autora, Arlesis Zapata: apasionada, comprometida y, sobre todo, profundamente generosa. Porque solo alguien con una vocación tan auténtica por compartir su experiencia puede abrir con tanto detalle las puertas de un conocimiento que, hasta ahora, parecía reservado a unos pocos elegidos.

Desde las primeras líneas, se percibe con claridad que estamos ante una obra distinta. No por casualidad, Arlesis ha desarrollado el método ARZA —una metodología estructurada, práctica y profundamente humana que lleva su propio nombre— como una herramienta para transformar la vida profesional de los asesores inmobiliarios y agentes del sector. Pero, más allá de sus siglas o su estructura en cuatro pilares, lo que verdaderamente hace de este método algo revolucionario es la filosofía que lo impulsa: la creencia inquebrantable en que el conocimiento, cuando se entrega con claridad, honestidad y propósito, tiene el poder de transformar destinos.

Arlesis es una experta en subastas. Cada capítulo de este libro está impregnado de su voz cálida y cercana, de anécdotas reales que revelan tanto la crudeza del mundo de las subastas como la luz que puede surgir cuando alguien se atreve a mirar más allá del miedo. Y eso es precisamente lo que ella hace: enseñarnos a mirar con nuevos ojos. A ver oportunidades donde otros solo ven burocracia y riesgos. A detectar belleza y rentabilidad en lo que para la mayoría es complejo o inaccesible. A confiar.

Con más de dos décadas de experiencia a sus espaldas, Arlesis ha vivido en primera persona las curvas, obstáculos y promesas de un sector tan volátil como fascinante. Y ha decidido condensarlo todo aquí, para que otros no tengan que tropezar a ciegas, para que quien quiera comenzar, lo haga con una hoja de ruta clara. Es una suerte que haya elegido compartir no solo su técnica, sino también sus errores, sus aprendizajes y, sobre todo, sus convicciones.

Este libro es un manifiesto de valentía. Es una invitación a creer que se puede vivir mejor, trabajar con propósito, alcanzar libertad financiera y, al mismo tiempo, impactar positivamente en la vida de otras personas. Porque, como Arlesis explica con convicción, el asesor en subastas no solo persigue rentabilidad; también genera oportunidades para familias, desbloquea situaciones complejas y acompaña procesos de transformación personal.

Pero hay algo más que se desliza con fuerza en estas páginas y que convierte esta lectura en una experiencia transformadora: el enfoque mental. Para Arlesis, la mentalidad no es un accesorio del éxito, sino su cimiento. A través de reflexiones poderosas, ejercicios prácticos y ejemplos conmovedores, nos demuestra que la verdadera diferencia entre lograr nuestros sueños o dejarlos marchar radica, en gran medida, en cómo nos hablamos a nosotros mismos, en las creencias que cultivamos y en el valor que nos damos.

Con este libro no solo aprenderás a moverte con seguridad por el mundo de las subastas judiciales, notariales o tributarias. Aprenderás también a conocerte, a enfrentarte a tus miedos, a reorganizar tus prioridades y a apostar por tu potencial. Porque ese es, quizá, el mayor legado de este libro: el recordatorio de que todos podemos más, si sabemos cómo canalizar nuestras fuerzas y en qué dirección apuntarlas.

En un mundo saturado de información, esta obra brilla por su capacidad de simplificar sin banalizar, de enseñar sin condescendencia, y de inspirar desde la verdad. Es, al mismo tiempo, una guía profesional y un acto de amor por el conocimiento, por la mejora continua y por el crecimiento personal.

Te invito, pues, a sumergirte con curiosidad, sin prejuicios y con muchas ganas de aprender. Este libro no solo te enseñará a generar ingresos a través de subastas inmobiliarias; también te motivará a reinventarte, a elevar tus estándares y a descubrir que el verdadero éxito está en alinear tu propósito con tus acciones.

Gracias, Arlesis, por compartir tanto. Y gracias a ti, que te dispones a leer este libro, por atreverte a descubrir un nuevo camino. Que esta lectura sea el inicio de una etapa tan próspera como significativa. Estás a punto de emprender un viaje que puede cambiar tu vida.

**Mireia Plaja Borrell**
CEO Clau Brava

Capítulo 1

# EL PODER DE TU MENTE

*"Tanto si piensas que puedes,*
*como si piensas que no puedes,*
*tienes razón".*
**Henry Ford**

Decía Henry Ford que, tanto si piensas que puedes como si piensas que no puedes, tienes razón, y quiero que tengas esta idea presente desde el principio de esta nueva andadura que comenzamos juntos, pues es fundamental que seas consciente de la importancia de la mentalidad a la hora de alcanzar tus objetivos.

La mentalidad es esa parte de tu cerebro que te permitirá encontrar el camino correcto para alcanzar tus metas, pero que también se puede convertir en la que coloca los obstáculos que te imposibilitan llegar a ellas.

Es por esa razón que considero que este debe ser el primer capítulo de mi libro, y lo voy a desarrollar de manera que aprendas cómo te manipula tu propia mente y cuál es la actitud correcta para conseguir desarrollar todo tu potencial. Te enseñaré a utilizar la mente a tu favor y, una vez que hayas aprendido, será el momento de empezar a conocer el método ARZA, con el que te ayudaré a que tu negocio crezca como nunca habías soñado.

Quiero que tengas claro que a lo largo de este libro vas a adquirir conocimientos que te permitirán emprender una carrera de fondo, en la que el objetivo no es llegar el primero, sino el conseguir tu propósito, independientemente de si tardas más o menos tiempo en lograrlo.

## Cómo nos manipula la mente

A menudo pensamos que tomamos las decisiones de nuestro día a día de manera completamente consciente, pero lo cierto es que nuestra mente trabaja de forma compleja, lo que hace que gran parte de dichas decisiones estén condicionadas por nuestro subconsciente.

Es por ello que quiero que aprendas el modo en que funciona y nos manipula nuestra propia mente, de manera que estudiaremos los puntos clave que te ayudarán a comprenderlo mejor.

### *¿Realidad o ficción?*

Está comprobado científicamente que nuestra mente no está capacitada para distinguir entre lo que es realidad y lo que es ficción.

Te lo demostraré con el siguiente ejemplo, en el que quiero que imagines que estamos charlando sentados uno frente al otro.

En ese momento me dispongo a hablarte acerca de un limón ficticio que tengo en la mano, el cual procedo a cortar con un cuchillo también imaginario.

Coloco una mitad del limón sobre la mesa y la otra mitad la empiezo a escurrir en mi boca.

Es muy probable que a estas alturas hayas comenzado a salivar sin darte cuenta, lo cual se debe a que tu cerebro ha interpretado como real algo que tan solo te he explicado, es decir, algo que es ficticio y que no ha ocurrido realmente, y ha reaccionado generando saliva para proteger tu aparato digestivo de la acidez del cítrico.

De esta manera, tu cerebro interpretará cualquier cosa que experimentes como si se tratase de la realidad, por lo que activará diferentes partes de tu organismo en función de las necesidades que considere para garantizar tu seguridad.

La comprensión de este mecanismo que emplea tu cerebro te va a ayudar a entender esos momentos de tu vida en los que te has encontrado con circunstancias complicadas, como, por ejemplo, cuando has sentido miedo por la noche al escuchar un ruido que al final no era nada. Incluso es el responsable del aumento de los niveles de ansiedad en situaciones en las que normalmente no se justificaría.

Llegados a este punto, quiero que entiendas que la mentalidad es la herramienta más potente de la que dispones para poder conseguir lo que quieras y superar todos tus límites, pero para ello debes aprender a dominarla correctamente.

## El consciente y el subconsciente

También debes saber que nuestro cerebro cuenta con una parte consciente y otra subconsciente, siendo ambas cruciales a la hora de tomar decisiones y adoptar actitudes en nuestra vida.

La parte consciente de nuestra mente funciona a una velocidad de 40 bits por segundo (bps), mientras que nuestra parte subconsciente funciona a 11.000.000 de bps, es decir, a una velocidad muy superior.

De hecho, hay un estudio de la Universidad de Harvard en el cual se ha demostrado que, cuando estamos hablando, expresándonos o realizando acciones desde nuestra parte consciente, el subconsciente ya ha tomado la decisión incluso cinco minutos antes.

¿Recuerdas el ejemplo que te puse antes sobre el limón? Imagina que ahora lo haces en la vida real, es decir, cortas un limón y viertes su zumo en tu boca.

Antes de que la primera gota de limón toque tu lengua, tu subconsciente ya ha transmitido la orden de salivar para que, en el momento en el que comience este contacto, ya dispongas de la suficiente protección frente al ácido.

En otras palabras, tu subconsciente ha comprendido lo que iba a pasar y ha dado la orden para protegerte mucho antes de que la acción tenga lugar, e incluso es posible que lo haya hecho antes de que te plantearas probar ese limón que, quizás, tan solo lo habías cortado para aliñar un plato.

Con esto debes tener en cuenta que no tienes el control completo de tu ser, puesto que el subconsciente es mucho más rápido que tu parte consciente, que es la que te permite tomar decisiones, y ahora que lo sabes, lo que necesitas hacer es pararte a reflexionar para tomar el control.

### *La respiración y la desconexión de la parte consciente*

Quiero que conozcas, además, una curiosidad bastante interesante que se descubrió en Japón, cuando un grupo de profesionales del sumo estaba estudiando nuevas técnicas para que los luchadores se enfrentasen a sus rivales con una eficiencia superior.

Lo que pudieron descubrir es que, cada vez que respiramos, nuestra parte consciente se desconecta durante una diezmilésima de segundo, con el objetivo de ahorrar la mayor cantidad de energía posible. Debes tener en cuenta que nuestro subconsciente está constantemente en modo de supervivencia, es decir, su preocupación es la de **automatizar los procesos** para conseguir ahorrar la mayor cantidad de energía, ya que no sabe cuándo vamos a volver a obtenerla.

Cada vez que se produce esta desconexión, se genera una imagen a modo de fotograma justo antes de llevarse a cabo, la cual se asocia a la emoción que estemos experimentando en ese instante.

Tanto esa imagen como la emoción relacionada con ella pasan a nuestro subconsciente, donde quedan almacenadas.

Si tenemos en cuenta que respiramos unas 12 veces por minuto en promedio, hablaríamos de unas 17.280 desconexiones a lo largo del día, es decir, se generará esta misma cantidad de imágenes asociadas a sus respectivas emociones.

Este es el lugar donde se producen las fobias y los bloqueos, y nos afecta sin que seamos conscientes de ello. De hecho, ¿te ha ocurrido en alguna ocasión que adquieres un miedo repentino por algo a lo que no temías antes?

Por ejemplo, si estás viendo una película en la que, justo en el momento de la desconexión, aparecen serpientes asociadas a un sentimiento negativo, es probable que desarrolles una fobia o un cierto miedo hacia las serpientes sin darte cuenta, aunque nunca antes la hubieses experimentado.

Ten en cuenta que, tal y como te comentaba al principio, nuestra mente no distingue entre ficción y realidad, por lo que el subconsciente ha automatizado ese sentimiento de miedo con esa imagen. Y lo ha generado a partir de un instante en una simple película.

***Reflexiones acerca del modo en que te manipula la mente***

Con demasiada frecuencia estamos rodeados de información y sucesos negativos que influyen directamente en nuestra mente sin que seamos conscientes de ello.

Estoy convencida de que, en más de una ocasión, has llegado a casa contento y, tras poner la televisión y ver noticias negativas, sin darte cuenta, tu humor ha empeorado, y todo en apenas unos minutos.

En ese momento no te percatas, pero tu cerebro está guardando esa información, esas imágenes asociadas a sensaciones que se almacenan en el subconsciente y que van a influir en tu estado de ánimo.

También es muy probable que te haya ocurrido que en una conversación alguien te ha dicho algo y tú has entendido otra cosa completamente diferente.

En este caso es normal que surja la duda acerca de si esa persona ha dicho lo que has escuchado, o si realmente es tu cerebro el que lo ha entendido mal o lo ha interpretado de forma distinta, dando lugar a un cambio en el mensaje.

Estas situaciones son difíciles de resolver, ya que es una confusión que se puede dar en ambas partes, ya sea en el emisor o en el receptor, y, de hecho, ocurre de manera bastante habitual.

Con todo esto quiero que veas que, si aprendes a comprender el modo en el que funciona tu cerebro, podrás conocer cuáles son las limitaciones a las que te enfrentas, y, sobre todo, sabrás tomar las decisiones de manera consciente, sorteando los posibles bloqueos producidos por tu parte subconsciente. Estos se originan debido a su configuración natural que tiene como objetivo ahorrar energía y garantizar tu supervivencia.

## La actitud correcta para desarrollar tu potencial

En el transcurso de mi vida he aprendido que alcanzar la plenitud se logra a través de la búsqueda de nuestro máximo potencial, independientemente de aquello a lo que nos dediquemos en el día a día.

El camino para conseguirlo es pensar en grande y apuntar lo más alto posible, y aunque quizás nunca llegues a alcanzar la totalidad de tu propósito, lo importante es que esto te habrá ayudado a llegar a un nivel muy superior.

Piensa que las personas que se motivan a sí mismas y manejan sus emociones con el objetivo de alcanzar sus sueños, consiguen vivir en paz consigo mismas, y no van por la vida dando lástima y culpándose de lo que pudieron haber hecho y no hicieron.

Este es el tipo de persona que lo da todo, y al final de sus días podrá contar aquello que ha hecho y ha logrado, en lugar de lamentarse por ni tan siquiera haberlo intentado.

Pero, ¿qué es lo que nos impide alcanzar nuestro máximo potencial? Lo cierto es que, en la mayor parte de los casos, son nuestros propios miedos los que se convierten en un obstáculo difícil de vencer.

El Dr. Karl Menninger, en su famoso libro *Mythunderstanding*, señala que los miedos son adquiridos, de manera que, si lo deseamos, podemos deshacernos de ellos.

Para ello debemos averiguar de dónde provienen dichos miedos, y a menudo descubriremos que proceden de creencias limitantes que hemos asimilado como correctas con respecto a la vida, al éxito, a la felicidad y a la prosperidad.

Estas creencias pueden llevarte a la cima o al abismo, en función de tu autoconfianza. Y si hay algo que me ha quedado claro en muchas de mis experiencias emprendiendo diferentes proyectos, es que, si no trabajas en resolver tus dudas o te dejas influenciar por la negatividad de otros, al final esto terminará por mermar la confianza en ti mismo, afectará tus decisiones y acabará destruyendo tus sueños.

¿Has escuchado en alguna ocasión la fábula de la ranita sorda?

Cuenta que un grupo de ranas estaban atravesando el bosque cuando, de repente, dos de ellas cayeron en un profundo pozo.

El resto se reunió alrededor del agujero, y cuando vieron lo hondo que era, explicaron a las dos ranitas que habían caído, que era imposible salvarlas.

Las ranitas hacían ímprobos esfuerzos por salir de allí, recibiendo desánimos por parte de las que no habían caído, hasta el punto de que una de ellas creyó en las palabras de estas y murió al darse por vencida, mientras que la otra continuaba saltando con todas sus fuerzas.

Desde arriba le seguían diciendo que era inútil, pero ella no cesaba en su intento, haciéndolo cada vez con más fuerza, hasta que al final logró dar un salto que la sacó del hoyo.

Las ranas de la superficie estaban sorprendidas, y le preguntaron la razón por la que no se dio por vencida pese a sus palabras. Entonces la ranita respondió que se debía a que era un poco sorda, y creía que lo que hacían desde arriba, era animarla a que se esforzase más para poder salir del pozo.

Lo que debemos aprender a través de esta fábula es que nuestros pensamientos, sentimientos y acciones son los que determinan nuestros resultados, de manera que, si tienes pensamientos positivos y en línea con la realidad que buscas, adquirirás la fuerza necesaria para luchar y alcanzar tus objetivos.

Creo, firmemente, en el principio fundamental de la ley de causa y efecto, el cual nos dice que toda acción tiene una reacción o efecto equivalente.

Este principio lo rige todo, incluyendo desde el universo físico hasta el comportamiento humano. Nada sucede por casualidad, y dejar tu futuro en manos de las casualidades se traduciría en el no reconocimiento de esta ley.

Si partes de este principio y adquieres sentimientos de felicidad, generas pensamientos optimistas y triunfalistas, y también empleas todas tus fuerzas para efectuar acciones encaminadas a estos pensamientos, el resultado será que lograrás muchas cosas positivas y grandes éxitos.

En el caso de que permitas dejarte llevar por sentimientos y pensamientos negativos o pesimistas, al final estarás generando caos y desorden en tu vida, lo que impedirá que logres lo que tanto deseas.

Ahora, me gustaría que reflexionaras sobre los pensamientos y creencias que tienes acerca de «ganar dinero», así como en relación con el mundo de las subastas, de manera que te voy a dejar algunas preguntas para que puedas realizar una autovaloración sobre qué sentimiento y opinión te producen:

- ¿Merezco toda la abundancia financiera que el universo tiene para ofrecerme?
- ¿Qué decían mis padres cuando era pequeño acerca de ganar dinero, acerca de los ricos y acerca de los millonarios?
- ¿Ganar dinero es fácil y divertido?
- ¿Las subastas inmobiliarias son un mundo oscuro y manejado por mafiosos?
- ¿Las subastas le quitan la vivienda a gente pobre y necesitada?
- Me da miedo entrar en un mundo en el que sé que puedo ganar dinero, pero ¿lo veo como peligroso y arriesgado?
- Si no logro mis objetivos, ¿soy un fracasado?

Enfrentar estas cuestiones de forma positiva y realista te ayudará a encontrar la actitud correcta para empezar a desarrollar tu potencial, y dejar de lado aquellos aspectos negativos que pueden rondar tu mente y que podrían convertirse en un serio obstáculo para alcanzar tu éxito.

## Cómo utilizar la mente a tu favor

Cuenta la historia que, en 1831, un hombre fracasó en los negocios y cayó en bancarrota.

Tras esto, toda su vida fue cayendo en picada; fue derrotado en la legislatura de 1832, su prometida murió en 1835, en 1836 sufrió un colapso nervioso, perdió las elecciones de 1836, perdió las parlamentarias de 1843, 1846, 1848 y 1855, en 1856 no consiguió alcanzar la vicepresidencia y en 1858 fue derrotado en las elecciones para el Senado.

Su nombre era Abraham Lincoln, el cual, en 1860, se convirtió en el presidente de los Estados Unidos.

¿Sorprendido?

Con esto quiero que tengas muy en cuenta que tan **solo se fracasa en el momento en el que dejas de intentar alcanzar tus objetivos**.

Ahora me gustaría hablarte sobre los resultados que has obtenido en el ejercicio que te propuse en el apartado anterior, de forma que valores si has encontrado convicciones que te alejan de tus sueños para que las identifiques y puedas gestionarlas efectivamente.

Una vez que identifiques tus creencias limitantes, te propondré una nueva reflexión para transformarlas en creencias positivas que, mediante la repetición y la asimilación, se integrarán en tu subconsciente.

Por ejemplo, si ves el mundo de las subastas desde una perspectiva oscura o de aprovechamiento hacia terceras personas, a partir de ahora lo tienes que concebir como la posibilidad de ofrecer oportunidades a otros, ya que no solo vas a ganar dinero, sino que también beneficiarás a otras personas.

Esto lo debes hacer con cada perspectiva negativa, transformándola a positiva y repitiéndotelo todas las veces que puedas.

Para poder utilizar la mente a tu favor, debes entender la importancia que tiene el esfuerzo, pues a través de él evitarás que tu subconsciente entre en modo de ahorro de energía. De esta forma tendrás la oportunidad de aprender cosas nuevas para luego automatizarlas.

Una vez lo logres, habrás asimilado y automatizado tanto las ideas como los procesos de forma positiva sin tener que realizar un esfuerzo extra.

Para mí, la constancia y la perseverancia son cualidades más valiosas que la inteligencia pura. La razón es sencilla: sin la determinación y el esfuerzo sostenido, la inteligencia por sí sola puede resultar infructuosa. En cambio, armados con tenacidad y resiliencia, incluso en ausencia de una gran astucia, es posible alcanzar las metas propuestas, tarde o temprano. La verdadera clave del éxito, por tanto, reside en la capacidad de persistir y avanzar constantemente hacia nuestros objetivos.

## Si eres API, ya tienes el 70 % del camino recorrido

Para ser un verdadero Asesor en Subastas Inmobiliarias, tienes que adquirir una serie de conocimientos relacionados con el mundo de los bienes inmuebles, de manera que puedas entender sus fundamentos, leyes, ordenanzas y fiscalidad.

Buena parte de este conocimiento ya lo has adquirido gracias a tu titulación como Agente Profesional Inmobiliario (API) o bien por tus años de experiencia desarrollando la labor de agente inmobiliario.

Al entrar ahora en el ámbito de las subastas, lo que harás es expandir ese conocimiento ya adquirido, agregando nuevos saberes. Sumergiéndote en el apasionante mundo de las Subastas de Bienes Inmuebles en España, ampliarás tus fronteras, tendrás la posibilidad de ofrecer a tus clientes un nuevo producto, y abrirás tus perspectivas a un mundo lleno de posibilidades y oportunidades de ingresos extraordinarios.

En el caso de las personas que hemos adquirido conocimientos relacionados con las subastas y que también somos API, nos hemos encontrado con módulos de estudio comunes que se solapan, como son los siguientes:

- Derecho registral inmobiliario.
- Promoción y comercialización.
- La venta.
- Otras materias complementarias.

Sin embargo, existen áreas específicas inherentes a cada especialidad. Un ejemplo claro es el proceso de captación de inmuebles, característico del ámbito inmobiliario. Este procedimiento se distingue por su metodología única, en contraste con los procesos de subasta. En el caso de estas últimas, la estrategia se centra en identificar y captar propiedades a través de plataformas donde se anuncian, como el Boletín Oficial del Estado (BOE), la Seguridad Social, entre otras, en vez de interactuar directamente con el propietario del inmueble.

Este conocimiento solapado representa, desde mi punto de vista, el 70 % de los conocimientos que necesitas, mientras que el restante 30 % lo puedes obtener fácilmente a partir del método ARZA.

Algunas de las principales ventajas que podrás conseguir a través del método ARZA son:

- Aumentar tu cartera de clientes.
- Encontrar inmuebles con mejores condiciones económicas.
- Conocer a otros inversores.
- Aumentar tu facturación.
- Adquirir el conocimiento sobre las subastas judiciales.
- Desarrollar un negocio paralelo y complementario, especialmente lucrativo en tiempos de crisis.

## La Rueda de la Fortuna del método ARZA

El método ARZA representa una estrategia comprobada y efectiva para el análisis y la investigación de bienes inmuebles ofrecidos en subastas. Esta metodología, cuyo objetivo primordial es la adquisición de propiedades con un alto potencial de rentabilidad, se fundamenta en la aplicación práctica de mi experiencia y perspectiva en el campo. De ahí surge el nombre de ARZA, un acrónimo que integra mi nombre, Arlesis, y mi apellido, Zapata.

Al combinar la pericia del Agente Profesional Inmobiliario (API) con las técnicas avanzadas de ARZA, se consolida una poderosa sinergia. Esta colaboración incrementa significativamente las posibilidades de éxito en el ámbito de las subastas inmobiliarias, dando lugar a la siguiente fórmula de triunfo:

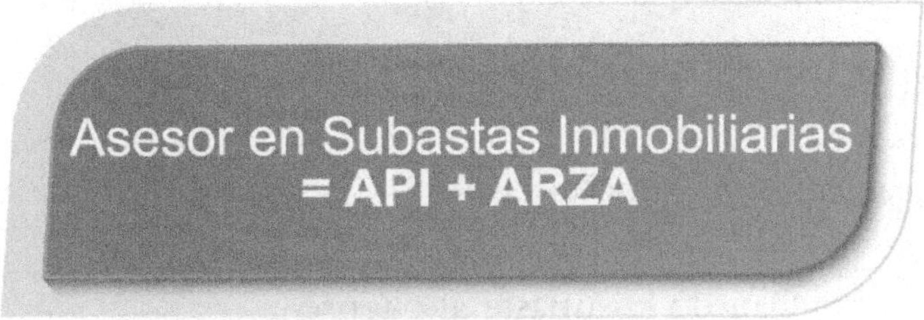


Esta fusión no solo amplía nuestro espectro de conocimiento y competencias en el sector inmobiliario, sino que también refuerza nuestra habilidad para identificar oportunidades, evaluar riesgos y tomar decisiones estratégicas. ARZA proporciona una perspectiva y comprensión más amplia y profunda del mercado de subastas, lo que resulta en decisiones de inversión más informadas y, en última instancia, en un mayor beneficio.

Asesor en Subastas Inmobiliarias = API 70% + ARZA 30%

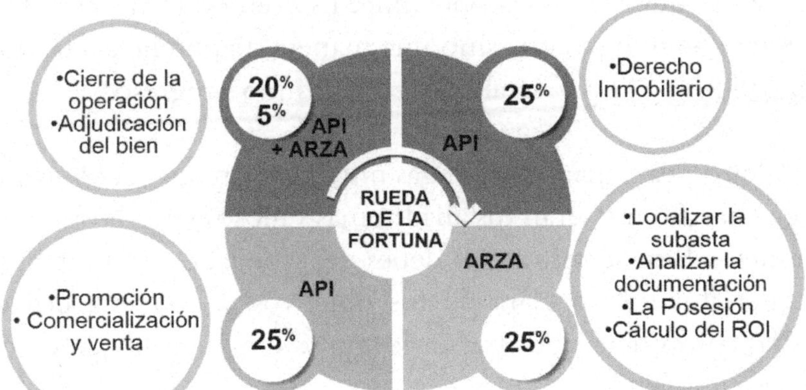

El método ARZA se basa en cuatro pilares fundamentales, los cuales exploraremos detalladamente a lo largo de los próximos capítulos:

- Captación de la subasta.
- Creación de la subasta cisne.
- Presentación de la subasta al cliente.
- Participación y adjudicación.

La experiencia me ha enseñado que el intento de innovar por innovar, o de divergir de un modelo ya probado y exitoso, puede resultar no solo en un derroche de energía, sino también en una amenaza para la estabilidad de tu negocio.

Por esta razón, mi consejo es que apliques y perfecciones el método ARZA, que consiste en ajustar y mejorar los procesos y sistemas que ya tienes operando. Este enfoque no es solo un ejercicio de integración, sino una manera de potenciar tus oportunidades de éxito y garantizar tu continuo progreso.

Además, es crucial que tengas muy presente que la concentración y el enfoque serán tus aliados más valiosos en la búsqueda de tus metas. Esto significa que debes dejar de lado tus limitaciones y tener una visión clara de tus objetivos y, con esta claridad, podrás comprobar que alcanzarlos no solo es deseable, sino completamente factible.

Lo que te estoy proponiendo es una propuesta de negocio a través de las subastas. Te invito a explorar este modelo, que demuestra ser particularmente ventajoso en tiempos de crisis económica, y que, su integración en tu empresa actual puede representar un valor añadido con potencial de elevar sustancialmente tus ingresos.

Adicionalmente, este enfoque te permite establecer un modelo de negocio resiliente, capaz de generar beneficios constantes tanto en períodos de recesión como en épocas de expansión económica. Independientemente de las fluctuaciones del mercado inmobiliario, accederás a un nicho altamente lucrativo y resistente a las variaciones económicas.

Al cerrar este capítulo inicial, espero que hayas adquirido conocimientos que te eran desconocidos y hayan ampliado tu comprensión sobre el funcionamiento de nuestra mente. Más aún, que estos nuevos aprendizajes te hayan permitido vislumbrar cómo enriquecer tu emprendimiento mediante el método ARZA y las subastas judiciales. Mi intención es que persistas en la lectura de este libro, que condensa más de dos décadas de mi experiencia en el sector de las subastas de bienes inmuebles, y que ha sido meticulosamente diseñado para servirte de brújula en tu crecimiento profesional y personal.

El siguiente capítulo abordará una materia que, estoy segura, capturará tu interés y será de gran utilidad en tu camino hacia el éxito. Profundizaremos en cómo identificar tu cliente ideal y en la estrategia adecuada para proyectar tu negocio, con el objetivo de lograr un aumento significativo de tus beneficios.

Te invito a continuar la lectura, siempre con la certeza de que, aunque tu mente pueda intentar obstaculizarte, hayas aprendido a dirigirla para transformarla en tu herramienta más poderosa. Así conseguirás escalar y posicionar tu empresa en la cima que tú elijas. Recuerda, el único límite es aquel que tú mismo estableces.

¡Adelante, el camino hacia el éxito te espera en las próximas páginas!

Capítulo 2

# TU CLIENTE IDEAL

*"Si lo puedes imaginar,*
*lo puedes lograr".*
**Albert Einstein**

Sueña, imagina y moldearás el mundo. Y es que la imaginación es la herramienta más poderosa del ser humano. Gracias a ella hemos dado forma al universo que nos rodea, permitiéndonos llegar hasta donde estamos, convirtiendo pensamientos en acciones influyentes, en momentos cumbre. Con nuestra imaginación podemos transformar el barro de la realidad en algo hermoso y duradero. Todo cuanto nace en nuestro interior tiene su eco en el exterior, y viceversa. De este modo, nuestra imaginación es a la vez el pincel y el lienzo del artista, un vínculo entre la realidad que nos rodea y nuestra mente, un canal de energía constante y transformadora.

Ahora bien, este torrente que se origina en nuestra mente y que, como el mar, va y viene y nunca se detiene, debe estar controlado. O, al menos, focalizado. Esto nos lleva a poner sobre la mesa la ley de la atracción. Esta ley, básicamente, propone que nuestros pensamientos son pura energía capaz de influir en cuanto nos rodea. Y, de la misma manera, nuestra mente puede recibir un eco energético similar al que ha emitido. Es decir, que si ponemos el foco en unos pensamientos determinados, lograremos que la realidad se adecúe a ellos.

O lo que es lo mismo, al visualizar claramente con nuestra imaginación y pensamientos los objetivos que queremos lograr en la vida, será más probable que los alcancemos. Esto determina nuestra manera de ver el mundo, pues al comprender el poder de la imaginación, podemos pasar de meros espectadores de nuestra vida a actores y dueños de esta.

Para que lo veas mejor, te propongo un ejemplo práctico. Comienza por visualizar dónde quieres estar en cinco años. ¿Lo tienes? Bien, pues ahora pon el foco de tu imaginación en "un millón". Al hacerlo, estarás utilizando la ley de la atracción a tu favor. Esto supone abrir el camino hacia lo que deseas, proyectando tu futuro y adoptando una nueva perspectiva del mundo que te rodea. Solo así podrás recibir y transformar los estímulos del exterior para convertirlos en combustible con el que seguir avanzando hacia tus metas.

Te lo digo de nuevo: sueña, imagina y moldea el mundo. Puedes hacerlo, únicamente tienes que visualizarte haciéndolo. El foco siempre puesto en el objetivo y un paso tras otro. No importa si avanzas despacio, ya cogerás velocidad. De momento, céntrate en seguir el camino marcado por esos pensamientos, por su energía, por aprovechar las oportunidades que se generan a tu alrededor.

Esto es algo que sirve en cualquier faceta de la vida, por supuesto. Sin embargo, a nivel profesional es vital que adoptes esta mentalidad desde el principio, ya que el ámbito laboral va a condicionar enormemente el resto de aspectos de tu vida. No dejes de visualizar en qué punto quieres estar profesionalmente, que nada te detenga, avanza sin parar. Mantener constante atención en este pensamiento es fundamental para motivarte y estimular tus esfuerzos, permitiéndote hacer frente a los obstáculos que puedas encontrar en el camino.

Entre los desafíos que deberás enfrentar están tus creencias sobre la riqueza, tus hábitos y costumbres, así como tu capacidad para mantener la perseverancia en tus pensamientos. Ser perseverante no siempre es fácil, pero tener una mentalidad tenaz te permitirá reconsiderar tu sistema de creencias y no desfallecer jamás. La confianza en ti mismo es la piedra angular de cualquier proyecto vital, y la generación de riqueza a través de las subastas no es diferente en este sentido.

Todo proyecto es una tormenta de emociones y sensaciones en su inicio. Por eso, no debes perder el foco en lo que quieres lograr, en dónde te quieres ver en unos años. Visualiza tu poder, tu capacidad para transformar el mundo. Confía en tu criterio e imagina lo que deseas conseguir.

Ahora sí, prepárate. Es el momento de ilusionarse, pues estás a punto de iniciar un viaje apasionante.

## Imaginando a tu Cliente Ideal

Llegados a este punto, toca meter las manos en harina y centrarnos en lo que nos ocupa: tu futuro. A lo largo de estas páginas me he propuesto darte las claves y herramientas para que puedas desarrollar una profesión de manera exitosa. Pues bien, para ello es muy importante que empieces visualizando el producto que ofrecerás: **asesorías en subastas de bienes inmuebles,** en este caso.

Imagina la mejor versión de ti vendiendo ese producto al cliente ideal. ¿Te hace sentir bien pensar en ese escenario? ¿Tienes la convicción y la determinación para convertirlo en algo tangible en tu realidad?

Sé que la respuesta es un sí rotundo, así que lo primero que tenemos que hacer es ir dando forma a cada una de las partes de ese escenario que estás imaginando. Este proceso es como ir añadiendo color a un cuadro boceado a lápiz. Así que empecemos por tu cliente ideal y luego conformemos el resto. Démosle un toque de color a esa persona que va a necesitar tus servicios.

¿Quién es? ¿Por qué necesita tu asesoría en subastas de bienes inmuebles? ¿Qué busca exactamente? ¿Dónde la puedes encontrar? Todas estas preguntas son las que deben revolotear por tu mente a la hora de imaginar a tu cliente ideal, siempre con el fin de identificar a aquellas personas a las que les puede interesar tu producto.

Piensa que el cliente ideal es aquel que reúne las condiciones, características y retos que tu producto o servicio puede resolver. Pues bien, tú tienes lo que necesita y tu oferta es la que más se acerca a sus deseos.

Además, para poder obtener unas respuestas claras y generar un perfil conciso y efectivo, deberás tener en cuenta los siguientes aspectos:

**1. Perfil general:**

- **Sexo**: tu producto está dirigido tanto a hombres como a mujeres. Encontrarás clientes de ambos sexos interesados en invertir su dinero.

- **Edad**: al tener en cuenta los servicios que ofrecerás, podrás distinguir entre cuatro grupos de edad:

- ***Público menor de 30 años***: son personas que están más centradas en vivir la vida y estudiar. Generalmente, no disponen de mucho dinero, y el que tienen está muy comprometido. Por estas razones, no formarán parte de tu público objetivo.

- ***Entre 30 y 40 años***: este grupo suele tener una mayor estabilidad, está más centrado en su futuro y en las opciones para obtener ingresos. Aunque generalmente están comenzando a forjar su futuro y no tienen grandes fondos, están dentro de tu público objetivo.

- ***Entre 40 y 65 a***ños: son aquellos que ya tienen un trabajo estable y de éxito. Posiblemente, han montado un negocio y cuentan con ahorros provenientes de herencias, excedentes de sus ingresos y otros recursos. Es un público fantástico para tu proyecto.

- ***A partir de 65 años***: muchos de ellos ya están jubilados y buscan hacer crecer sus ahorros para disfrutar de una mejor jubilación y dar un futuro más próspero a sus descendientes. Este puede ser un público muy interesante para trabajar.

- **Localización**: podrás trabajar con clientes de cualquier parte del mundo gracias a la conexión directa y en tiempo real que ofrecen las redes sociales, correos electrónicos, teléfonos y plataformas de inversión. Sin embargo, lo más conveniente es que te centres en aquellos que ya están familiarizados con el mercado inmobiliario español, sin importar si residen en España o en otro país.

**2. Perfil socioeconómico**

Evalúa su nivel de estudios, conocimiento de idiomas, así como sus costumbres y valores. Es importante que tengas claro que al igual que una empresa que vende productos a nivel internacional necesita adaptar su estrategia a cada país según sus costumbres, idiomas y particularidades, tú también deberás adaptarte a las necesidades y características específicas de tus potenciales clientes para tener éxito.

Para un API o Agente Inmobiliario, en muchas ocasiones no es necesario realizar una gran investigación de mercado para encontrar nuevos clientes, ya que es habitual que te vayas encontrando con ellos. Por eso es fundamental estar preparado para ofrecer un producto que pueda ser de su interés.

**3. Perfil digital:**

En la actualidad, la definición del perfil digital del cliente es tan importante como los perfiles anteriores. Deberás saber qué redes sociales utiliza, su nivel de actividad en los medios digitales, la frecuencia con la que navega y las palabras claves que utiliza para buscar productos y servicios de su interés. Conocer estos datos es fundamental, especialmente al llevar a cabo campañas de publicidad en línea o mejorar el posicionamiento SEO en relación con las necesidades de búsqueda del cliente.

Para difundir con eficacia tu producto, deberás aprender a investigar a tus clientes objetivo a través de Internet. Existen herramientas muy útiles, como Twitter Analytics, Facebook Analytics, Google Trends o Google Analytics, entre muchas otras. Gracias a ellas podrás obtener información detallada tanto del perfil digital y demográfico de tus clientes potenciales, como datos relevantes como su sexo, gustos, ubicación e intereses.

En el mercado digital actual, existen herramientas de marketing como Salesforce o Hubspot, que te permitirán analizar a fondo la población para definir un cliente lo más concreto posible. Estas herramientas te ayudarán a responder preguntas importantes, como conocer el origen de las visitas a tu sitio web, si provienen de búsquedas directas o de publicidad, desde dónde acceden (ya sea desde su oficina, casa o lugares públicos), etc. En cuanto a la competencia, te permitirán saber qué otras páginas web visitan tus clientes, lo que te ayudará a conocerlos mejor.

**4. Perfil psicológico:**

Confecciona el perfil psicológico de tu cliente potencial, comprendiendo cómo piensa en relación con la generación de dinero, qué opinión tiene sobre las subastas inmobiliarias, cuál es su mentalidad respecto a las inversiones, cómo maneja sus preocupaciones; y si posee la confianza suficiente en sí mismo para considerar tu producto. Si la respuesta a estas preguntas es afirmativa, entonces estás frente a un potencial cliente.

En resumen, para tu producto de "Asesoría en Subastas Inmobiliarias", podrás definir a tu cliente ideal basándote en los siguientes criterios:

*Personas entre 30 y 70 años, que buscan rentabilidad en sus inversiones inmobiliarias, que han vivido o viven en España, o que por alguna razón conocen el mercado español. Personas con suficiente liquidez para invertir, con un nivel educativo medio-alto, que hablan idiomas, con una actitud positiva acerca de las subastas, con raíces en España, que conozcan y disfruten de la cultura de sus pueblos. También deberán tener presencia en redes sociales como Instagram, Facebook, Twitter, TikTok o YouTube. Deberán ser personas activas en buscadores de información, que utilicen navegadores como Google, y accedan con regularidad a diferentes páginas web de inversiones inmobiliarias.*

¿Ves cómo ha quedado de bien la parte del escenario que tiene que ver con tu cliente ideal? Le hemos puesto color, le hemos definido de forma exhaustiva y ahora ya podemos ir a colorear el resto de elementos. No obstante, es importante comenzar por imaginar y definir a quién le vas a vender tu producto para poder desarrollar una estrategia profesional clara. No es lo mismo vender pan que electrodomésticos, claro está. Así pues, acertar en este sentido te dará la libertad financiera que necesitas para cuidar otros aspectos de tu vida y alcanzar más objetivos.

## Gira con la Rueda de la Fortuna

Cuando comencé el proyecto de escribir un libro sobre subastas para agentes inmobiliarios, me sumergí en la lectura de numerosas obras y tuve conversaciones con agentes de reconocidas agencias inmobiliarias. Conocí a personas maravillosas que compartieron sus experiencias conmigo, y descubrí ideas muy interesantes de expertos altamente cualificados.

Durante todas estas interacciones, me di cuenta de algo muy revelador, todos coincidían en un punto: cada uno de ellos había desarrollado un MODELO propio para aplicar las herramientas del negocio inmobiliario, combinando singularidades y habilidades personales de su equipo de trabajo.

Este MODELO en constante evolución, resultó ser la razón de su éxito. Sin embargo, alcanzarlo supuso superar diversos desafíos, ya que la experiencia en este sector se basa en ciclos de altibajos. El mercado cambia constantemente, al igual que las tecnologías y las preferencias de las personas, lo que nos obliga a reinventarnos para mantener nuestros modelos en funcionamiento y generando ingresos.

Pero, si además de mantenernos, queremos llevar nuestro negocio al nivel más alto posible, será necesario ser innovadores y creativos.

Los modelos estándar del sector inmobiliario suelen estar influenciados por variables externas como la construcción, las tasas de interés o la inflación. Los factores que inciden directamente en este mercado son muy variados. Para contrarrestar estos vaivenes externos y además aumentar tus ingresos, deberás recurrir a la innovación.

¡No tengas miedo a la originalidad! Piensa en acciones disruptivas que llamen la atención y diferénciate. Tu buen hacer se da por hecho y es básico para un negocio sostenible, pero ser uno más en un mar homogéneo no te va a ayudar en nada. Sé como el agua y adáptate a las tormentas y maremotos, fluye a través de las corrientes.

Innova, crece, evoluciona.

Esta es la razón por la que te animo a utilizar el sistema que he creado, que denomino **método ARZA**. Mediante la aplicación de este método, podrás revitalizar tu proyecto y diferenciarte de tu competencia, lo que se traducirá en un aumento de tus ingresos y una mejora en la rentabilidad de tu negocio. Recuerda que, para alcanzar el éxito, será necesario que adaptes tu negocio a la realidad del mercado y lo mantengas en movimiento. No se trata de realizar acciones extraordinarias, sino de llevar a cabo cambios específicos y planificados, algo que está al alcance de todos.

Lo que te propongo es que aproveches los recursos que ya tienes a tu disposición:

- **Recursos humanos**: utilízalos para la captación, realizando búsquedas, filtros y preanálisis en los portales de subastas. De esta manera, podrás crear tu propia base de datos con subastas que reúnan ya ciertos parámetros.

- **Sistema de publicidad y promoción**: podrás utilizar el mismo sistema que estás usando actualmente para generar *leads*, pero realizando los ajustes necesarios para orientarlo hacia tu público objetivo.

- **Atención al cliente**: aprovecha la infraestructura ya existente, incluyendo tanto la física como los sistemas, redes y comunicaciones. Un ejemplo sería el utilizar los programas de valoración de inmuebles ya existentes.

- **Tus conocimientos sobre el mundo inmobiliario**: esto supone comprender las bases legales del procedimiento de compra y el derecho registral inmobiliario. Aunque en el caso de las subastas no se trate de una compra, sino de una adjudicación, los fundamentos legales y administrativos son similares.

- **La venta o alquiler**: el inmueble adjudicado y registrado puede convertirse en un bien dentro de tu cartera de inmuebles en venta o alquiler. Utiliza la infraestructura de venta ya existente para los inmuebles localizados a través de las subastas.

Tras todos mis años de experiencia en el mundo inmobiliario y de las subastas, tengo clarísima una cosa: reinventar la rueda es sinónimo de fracaso. La originalidad y la innovación no son herramientas de destrucción, no se trata de romper con todo para hacer algo nuevo. Para nada. Al contrario, la clave está en ampliar y adaptar lo que ya funciona para que funcione todavía mejor. Por eso te propongo aplicar mi metodología, que tiene como objetivo ampliar el modelo ya existente, y convertirlo en la Rueda de la Fortuna.

**Rueda de la Fortuna = API + ARZA**

La Rueda de la Fortuna será la ampliación de tu modelo ya existente, de manera que lleve tu negocio inmobiliario o carrera profesional a un nivel de ingresos mayores. Para que funcione de forma automática, requerirá un proceso de implementación y monitoreo.

***Un nuevo horizonte: acceso a un mercado con inversionistas de alto nivel***

Tal vez, ahora mismo te estés preguntando: bien, todo esto resuena conmigo, pero, ¿por qué debería ofrecer a mi cliente ideal un producto como las subastas de bienes inmuebles?

Verás, el mundo de las subastas te dará acceso a un nuevo mercado, con un tipo de público objetivo con una gran liquidez. Se trata de individuos con un nivel económico estable que buscan rentabilidad para sus ahorros. Estas personas suelen tener mentalidad de inversores y comprenden que para obtener altas rentabilidades, hay que asumir riesgos medidos. Son muy seguros de sí mismos, un tipo de cliente que no necesita financiación ni créditos hipotecarios.

Desarrollar una estrategia de marketing enfocada a este tipo de cliente será lo que te permitirá atraerlo. Deberás gestionar sus perfiles mediante fichas donde añadirás información relevante, y conocer sus preferencias para poder orientar tus esfuerzos.

Ten en cuenta que es común que un mismo cliente esté interesado en participar en varios procesos de subastas simultáneamente, por lo que tu objetivo será no solo el de obtener el máximo beneficio en cada subasta adjudicada, sino también de asegurarte de poder ofrecerle nuevas opciones de inversión.

En definitiva, meter un pie en el mercado de las subastas es impulsar tu carrera profesional de forma cualitativa y cuantitativa. Y nunca es demasiado tarde para establecer un nuevo objetivo, o para soñar un nuevo sueño. El principio es la mitad del todo, así que ha llegado el momento de dar un paso hacia delante.

## Nuevas relaciones basadas en la confianza y la seguridad

Dependiendo del entorno en el que te desenvuelvas, podrá resultar más o menos difícil encontrar personas que dispongan de capital para realizar grandes inversiones. Tu objetivo será conseguir algunos de ellos para nutrir tu cartera y, poco a poco, conocer a nuevos inversores gracias a la red que generarás.

A medida que progreses en este proceso, irás aprendiendo las claves y los resortes que debes pulsar: qué motiva a este tipo de clientes y cómo comunicarte para llegar a la raíz de sus intereses.

Para que lo veas más claro, voy a compartir contigo mi experiencia con uno de los primeros clientes de alto nivel que conocí: preparé un informe con varias subastas y se las expliqué una por una. Cada subasta tenía un cálculo individual del Retorno Operativo de la Inversión (ROI). Durante la presentación del producto, fui explicándole al cliente varios detalles que consideraba de gran importancia y, tras unos minutos de exposición, el cliente me interrumpió y me pidió que le hablara claro.

- ¿Cuánto puedo ganar en la operación y qué rentabilidad me va a aportar esta inversión? – Me preguntó sin tapujos.

No es que no le importaran los detalles, sino que, una vez verificado que todo estaba incluido a nivel de costes, gastos e impuestos, lo único que le interesaba era saber cuánto sería el beneficio estimado y si este le merecía la pena. Así es este tipo de cliente, tienen las cosas muy claras y saben lo que quieren.

Así pues, preparé una presentación breve. Al minuto siguiente, el cliente me pidió el contrato de servicios para firmarlo y abrir un depósito fijo para utilizarlo en las diferentes subastas que se fueran presentando. Se centró en darme a conocer cuál era el mínimo de rentabilidad que le interesaba, y el resto lo dejó en mis manos.

Los resultados fueron excelentes, ya que conseguimos adjudicaciones de alrededor del 10 % sobre el número de pujas que hacía en su representación, con niveles de beneficios elevados en la mayoría de casos.

Lo que aprendí de esto es que con este tipo de cliente debes ir directo al grano. Proporcionarle información sobre los beneficios que puede ofrecer la operación y sobre el procedimiento que llevarás a cabo. Es alguien con el que trabajas basándote en la confianza y el compromiso. Cumpliendo en todo momento, podrás establecer una relación comercial fructífera y duradera.

De este modo, como asesor en subastas, tu objetivo será conducir el proceso buscando la satisfacción del cliente, ya que esto se traducirá en que el cliente te recomiende a otros. Entonces, otros potenciales clientes de su círculo de socios, amigos y parientes acudirán a ti como abejas a la miel. Esto te permitirá ampliar tu red de contactos sin apenas inversión o esfuerzo adicional.

Y es que ahora hablamos de personas de alto standing, gente que posee riqueza y sabe cómo generar más riqueza. Estas personas tienen otro esquema mental: no tienen miedo y apuestan con confianza. De manera que, si consigues este enfoque positivo y utilizas una metodología fiable, tendrás muchas posibilidades de conseguir inversiones con resultados positivos.

### *Apunta con precisión hacia un asunto prioritario*

Los éxitos y los fracasos no son algo reservado para unos pocos. Las oportunidades están al alcance de todos, aunque las decisiones dependen de cada uno. Creo firmemente en el libre albedrío más que en el destino o la suerte. Al final, la diferencia radica en las opciones en las que te enfoques y en cómo mantengas ese enfoque.

Tener claro tu objetivo en la vida es fundamental, pero también es importante que sepas qué acciones debes llevar a cabo y comprendas que alcanzar tus objetivos no es misión imposible. Piénsalo bien, si otros pueden, ¿por qué no vas a poder hacerlo tú también?

En uno de sus libros, Stephen McKenna nos dice: *"Todo lo bueno lo consiguen aquellos que mantienen su vida y sus pensamientos apuntando con precisión hacia un asunto prioritario, y no se permiten dispersarse en miles de cosas"*.

En definitiva, si sabes lo que quieres y lo que necesitas para conseguirlo, lo que queda es simplemente realizar el esfuerzo y focalizar la energía. Mantener el enfoque tiene que ver con la perseverancia, con la obstinación en alcanzar tus metas.

Sí, reconozco que es más fácil decirlo que hacerlo. Sin embargo, con la mentalidad adecuada y determinación se puede lograr. Con todo, aquí te dejo algunos trucos que utilizo para mantener el enfoque en todo momento:

- Realizó un plan personal para monitorearme.
- Reservo tiempo para ello. Anoto recordatorios en mi agenda y trabajo en este enfoque tantas veces como sea necesario hasta convertirlo en rutina.
- Me hago responsable de mantener ese enfoque.
- Procuro que mi entorno comprenda por qué lo hago y busco su apoyo.
- Defiendo mi energía y cómo la utilizo, buscando mantener mi enfoque sin desgastarme, consiguiendo un equilibrio entre mi vida personal y profesional.

Como ves, no se trata de la fórmula alquímica para crear la piedra filosofal, sencillamente son estrategias que utilizo en mi día a día para lograr avanzar en mi trayectoria hacia mis objetivos. Bien implementadas y con el debido enfoque, me convierten en alguien imparable.

### *Nadie deja de llegar cuando de verdad se lo propone*

Cuando pienso en hacer un plan para el futuro, me viene a la mente la historia *"Las Metas"* del libro "*La culpa es de la vaca"* de Jaime Lopera y Marta Bernal. Te dejo aquí un fragmento:

"*Nadie alcanza la meta con un solo intento, ni perfecciona la vida con una sola rectificación, ni alcanza altura con un solo vuelo. Nadie camina por la vida sin haber pisado en falso muchas veces.*

*Nadie siente el amor sin probar sus lágrimas, ni recoge rosas sin sentir sus espinas. Nadie hace obras sin martillar sobre su edificio, ni cultiva amistad sin renunciar a sí mismo.*

*Nadie puede juzgar sin conocer primero su propia debilidad. Nadie consigue su ideal sin haber pensado muchas veces que perseguía un imposible. Nadie conoce la oportunidad hasta que esta pasa por su lado y la deja ir. Nadie encuentra el pozo del placer hasta caminar por la sed del desierto.*

*Pero nadie deja de llegar, cuando se tiene la claridad de un don, el crecimiento de la voluntad, la abundancia de la vida, el poder para realizarse y el impulso de sí mismo. Nadie deja de llegar cuando de verdad se lo propone.*

*Si sacas todo lo que tienes y confías en ti, esfuérzate, ¡PORQUE LO VAS A LOGRAR!"*

Ya ves, nadie deja de llegar cuando de verdad se lo propone. Podrás encontrar mil y un desafíos, trabas, obstáculos. Te lloverán palabras de desánimo e incluso tú le dirás cosas que no quieres oír al reflejo del espejo. Como decía una amiga mía, la vida son cuatro días y dos con lluvia. No obstante, por mucho bache que haya en tu camino, por más que haya día en que el sendero sea cuesta arriba, si sigues avanzando terminarás lográndolo. Eso es lo que me motiva cada día.

Céntrate en tener claro lo que quieres y, a partir de ahí, establece objetivos específicos y ambiciosos. Lo más importante es que creas en tu proyecto, ya que solo así conseguirás alcanzar tus metas. Los grandes logros requieren de grandes objetivos, y si los tienes claros, verás cómo tu plan avanza automáticamente.

La gran ventaja de elaborar un plan alineado con tus metas es que al estudiar cómo lo implementarás, automáticamente estarás adquiriendo el enfoque necesario. Es sorprendente cómo el trabajar en un plan de implementación ya proporciona ese enfoque, pero recuerda que luego tendrás que ser perseverante y trabajar en su implementación para que se convierta en tu propio enfoque. Es decir, no dejes de caminar, llueva o truene.

Respecto a la razón por la que deberías plantearte objetivos ambiciosos es porque solo de esa manera podrás alcanzar tu máximo potencial. Quizá hayas establecido alguna vez una meta específica y, al alcanzarla, te has relajado perdiendo el impulso inicial. Si tu objetivo es más ambicioso, este impulso se mantendrá hasta que lo alcances, evitando así que te relajes demasiado durante el trayecto.

Eso sí, la elaboración de un plan de este tipo tiene sus fases y etapas. No se puede elaborar un plan o estrategia sin tener claros los objetivos. Por lo tanto, te sugiero seguir estos sencillos pasos que te ayudarán a elaborarlo:

### 1. Considera tu punto de partida:

Empieza analizando tu situación actual y evalúa si crees que tienes una buena salud financiera. Analiza si tus ingresos superan tus gastos, si cuentas con ahorros suficientes y si dispones de un fondo de emergencia. También reflexiona sobre si puedes permitirte darte todos los caprichos que deseas. Haz una lista de todas las áreas financieras que te gustaría cubrir, y ordénalas según su importancia para ti, asignando un porcentaje de satisfacción a cada una.

Por ejemplo, si piensas que estás completamente satisfecho con tu fondo de emergencia al 100 %, genial. Pero si sientes que solo estás al 75 %, deberás concentrar tus esfuerzos en mejorarlo.

Te presento una lista de posibles áreas que sería conveniente evaluar:

- Tus necesidades básicas (comida, vivienda, servicios, transporte, salud).
- Extras de salidas y vacaciones.
- Dispongo de ahorros.
- Cantidad intocable para emergencias.
- Ingresos extras.
- Ingresos pasivos.
- Otros

En cada punto podrás indicar en qué nivel te encuentras actualmente, valorándolos del 1 al 10. Esto te dará una visión más clara de los aspectos en los que necesitas trabajar más.

**2. Establece tu visión:**

La visión es aquello en lo que quieres convertirte. Con estas preguntas podrás tener más claros los puntos que necesitas trabajar:

- En términos financieros, ¿cuáles son las metas que deseas alcanzar?
- ¿En qué plazo de tiempo aspiras a alcanzar esas metas?
- ¿Qué tipo de persona quieres llegar a ser?

Imagina tu futuro y escribe todo lo que necesitarás realizar para convertirte en lo que quieres ser. Todo lo que puedas imaginar lo podrás alcanzar si lo deseas, lo diseñas y te comprometes con ello.

Confecciona una pizarra con fotos o recortes de revistas que representen lo que quieres conseguir, y colócala en un lugar visible. Te ayudará a mantener el enfoque en tus metas y a aplicar la Ley de la Atracción.

**3. Fija tus objetivos:**

Define por escrito lo que quieres conseguir. Establecer objetivos te ayudará a pensar en lo que necesitas y a crear un cronograma o un plan para llevarlo a cabo. Con esta base, podrás dirigir tus esfuerzos y tu energía hacia las cosas que quieres alcanzar.

No es suficiente con saber qué es lo que quieres conseguir con tu proyecto de vida, sino también qué harás para alcanzar esas metas.

**4. Diseña el plan de acción:**

Estos grandes objetivos que has establecido para tu proyecto de renovación profesional pueden dividirse en metas a corto, medio y largo plazo. También puedes categorizarlos en objetivos diarios, semanales, mensuales o anuales, asegurándote siempre de establecer fechas límite para su cumplimiento.

Como refuerzo adicional, puedes utilizar una herramienta de visualización muy poderosa sugerida en el famoso libro *El Secreto* de Rhonda Byrne: elaborar un "Tablero de los Sueños". En él incluirás imágenes, recortes de revistas e impresiones de Internet para crear una representación gráfica de los objetivos que deseas alcanzar en el plazo de un año.

**5. Mantén el enfoque:**

Mantener el enfoque puede resultar complicado cuando caemos en la rutina, por lo que es importante que siempre te dirijas hacia lo que realmente deseas conseguir. Revisa tu plan cada mes y evalúa todo aquello a lo que te habías comprometido, sin olvidar la importancia de monitorear el progreso alcanzado en cada objetivo.

Convertir las acciones en hábitos diarios requiere de mucho esfuerzo, especialmente porque debes conseguir que esos buenos hábitos perduren en el tiempo. Y si al final del día consigues pequeños avances, no olvides felicitarte y recompensarte de alguna manera, ya que esto te ayudará a mantener la motivación.

### *Tres pilares para planificarte la jornada: lo que hay QUE hacer versus lo que hay POR hacer*

Después de 30 años liderando equipos de trabajo en entornos estandarizados, como suele ocurrir en las grandes empresas multinacionales, he llegado a comprender que la mayoría de las personas nunca se conoce del todo a sí misma. Por lo tanto, no llega a comprender su potencial. Y esto es porque, directamente, les da miedo intentarlo.

Sin embargo, nuestro auténtico ser solo emerge cuando nos esforzamos en descubrirlo. Seguro que has escuchado eso de que bajo presión aflora nuestro verdadero yo. Pues bien, algo de cierto hay en ello. No es que haya que vivir agobiado ni con estrés (de hecho, el estrés es el gran enemigo a vencer), pero sí es verdad que ante los retos es cuando nos mostramos como realmente somos.

Por tanto, de ahora en adelante deberás trabajar en busca de esa autenticidad y, al mismo tiempo, estar atento a las señales para hacer realidad tus grandes planes, enfocándote correctamente en ellos.

Para ayudarte en el proceso, a continuación te muestro tres pilares básicos, que te ayudarán a mantener y potenciar tu enfoque:

1. **Mantener una base de datos de Subastas Cisne enfocada a tu público objetivo**: ten en mente el número mínimo de subastas que deben estar siempre en cartera. Las Subastas Cisne son aquellas que, después de haber pasado por un proceso de revisión y análisis minucioso, han resultado aptas para ser ofrecidas a tus clientes.

   Cuando estés realizando un proceso de búsqueda en los diferentes portales de publicación de subastas, será necesario hacer primero un preanálisis, un filtro previo que te permita seleccionar o rechazar subastas que no cumplan con los estándares de tus clientes (ampliaré este tema con más detalle en el capítulo 6 de este libro).

2. **Establece una estrategia de marketing para las Subastas Cisne:** de esta manera podrás atraer inversores adicionales y crear un listado de posibles clientes. Realiza acuerdos con estos clientes y concéntrate en buscar opciones de acuerdo a sus preferencias.

3. **Invierte en tu desarrollo profesional:** como asesor en subastas inmobiliarias, deberás generar confianza en tus clientes. Para lograrlo, deberás contar con formación como API y en el método ARZA, además de dominar otras habilidades personales que te ayuden a empatizar y conectar con ellos.

Otro aspecto que tendrás que considerar es el de aprender a priorizar. Personalmente, me ha resultado muy útil establecer un horario de referencia que comienza cada día con las tareas que debo realizar para cumplir con mi plan, y luego enumero las actividades pendientes. Es importante tener en cuenta que existe una gran diferencia entre estas dos acciones:

- Lo que hay QUE hacer.
- Lo que hay POR hacer.

Las actividades que hay QUE hacer suelen ser las que más cuestan, ya que normalmente requieren de un mayor esfuerzo a nivel psicológico e intelectual. Por lo tanto, a menudo las dejamos para el final, lo que supone el inconveniente de que, cuando llega el momento de abordarlas, ya estamos cansados y al final las vamos dejando sin llegar a completar del todo.

Te recomiendo que organices un plan de actividades diario, donde asignes las horas en las que tienes más energía para realizar estas actividades, pero siempre manteniendo la máxima flexibilidad.

En la imagen de la siguiente página te dejo un ejemplo de mi marco referencial de tareas, donde reservo la mañana para las actividades que demandan mayor energía. De esta manera, consigo cumplir con todo lo que me he propuesto durante la jornada, acercándome más a mis objetivos.

Este es solo un ejemplo que puedes adaptar a tus necesidades, pero el objetivo principal es que aprendas a priorizar las tareas y gestiones de la mejor manera las horas en las que tienes más o menos energía según la tarea a realizar.

Haz tu propio plan diario y descubrirás un montón de cosas interesantes con solo escribirlo. Es un proceso que te ayudará a posicionar tu subconsciente automáticamente en las actividades planificadas, lo que te permitirá realizar todas las tareas con menor esfuerzo.

Ahora, quiero proponerte un ejercicio muy poderoso: escribirle una carta a tu yo del futuro. Sí, sí, entendiste bien. Se trata de que te escribas a ti mismo, desde tu presente, contándote cómo te sientes hoy, cuáles son los bloqueos que te están frenando y qué está ocurriendo en tu vida en este momento.

Luego, proyecta tu mente hacia un futuro no muy lejano: 3, 6 o 9 meses. ¿Cómo te gustaría verte? ¿Qué obstáculos habrás superado? ¿Cómo te sentirás una vez que hayas logrado aquello que hoy te parece difícil o lejano?

Este ejercicio es una forma muy efectiva de tomar conciencia de tu momento actual, pero también de visualizar el cambio que deseas y empezar a construirlo desde hoy mismo.

Puedes escribir tu carta accediendo al siguiente enlace:

https://esc.anea.me/az_10

## La apuesta segura

¿Sientes eso? ¿Notas la energía fluir por tu cuerpo, tu imaginación latiendo y tu motivación vibrando? Ha llegado el momento de comenzar a desarrollar y aplicar el método ARZA, ya que será determinante para el desarrollo de tu proyecto.

Y es que existe una gran ventaja en el proceso de captación de subastas frente a la búsqueda de inmuebles en el mercado inmobiliario convencional. Esto se debe a que los inmuebles con los que trabajarás están disponibles en los portales de subastas, en el BOE y en la Seguridad Social.

La captación de subastas es el proceso inicial en el que realizamos un preanálisis y determinamos si un inmueble es adecuado para un análisis más detallado, y así convertirlo en una Subasta Cisne que pueda ofrecerse a nuestro grupo objetivo de clientes.

Si te dedicas a buscar Subastas diariamente en los portales, incluso si solo te quedas con una subasta al día, estaríamos hablando de entre 15 y 20 subastas al mes, es decir, un promedio de 17 subastas. Si consigues cerrar el 30 % de estas subastas, lo que representaría aproximadamente cinco subastas mensuales, y ganas una comisión del 6 % en cada una de ellas con un promedio de venta de 200.000 €, tendrías lo siguiente:

**300.000 x 5 x 6 % = 90.000 € mensuales, lo que en un año se traduciría en 1.080.000 €.**

Nada mal, ¿verdad? Una vez que hayas normalizado este proceso, podrás obtener grandes cantidades de dinero de manera sencilla, activando la Rueda de la Fortuna.

### *Sueña, imagina y moldea el mundo*

Si no puedes volar, corre. Si no puedes correr, camina. Si te es imposible caminar, gatea. Pero no pares, sigue avanzando hacia tu meta. Que nada te haga detener los pies, que tu camino te lleve sin pausa hacia el lugar en el que quieres estar.

Esto es lo más importante que quería transmitirte con este capítulo. Sírvete de la Ley de Atracción para crear pensamientos de riqueza y prosperidad, visualiza ese millón. Puedes lograrlo, está en tu mano. Ya sabes: determinación, confianza y tenacidad.

Supera tus límites y amplía tus posibilidades de generar más riqueza. Puedes conseguirlo incorporando a tus conocimientos como API una nueva metodología que te permita activar la Rueda de la Fortuna.

Los deseos nos llevan a tener pensamientos, los cuales generan sentimientos que nos impulsan a llevar a cabo acciones coordinadas para alcanzar nuestros sueños. Un gran plan orientado hacia esa visión y enfocado en acciones concretas te garantizará el éxito. No olvides ser ambicioso, necesitamos grandes retos para sacar lo mejor de nosotros.

Utiliza el conocimiento que ya tienes como API como plataforma de lanzamiento para dar un salto a nivel profesional y ampliar tus perspectivas con el método ARZA. Así podrás convertirte en un asesor de subastas inmobiliarias con éxito y elevados ingresos.

Pero, sobre todo, no dejes de soñar, de imaginar y de moldear el mundo a tu alrededor. Que la realidad se rinda ante ti y no al revés. Piensa en positivo, céntrate en lo que quieres. Habrá piedras en el camino. Cientos de obstáculos. Nadie dijo que fuera un camino de rosas, pero tú, tanto como yo, puedes hacerlo. Porque tienes la capacidad, el enfoque y la energía.

Ahora que ya te has mentalizado en conseguir un millón, es momento de pasar al siguiente capítulo, donde te explicaré cómo puedes materializar esa idea y convertirla en un valor real. Tu viaje continúa en las siguientes páginas.

Capítulo 3

# CAPTANDO LA SUBASTA

*"Ningún mar en calma hizo experto a un marinero".*
@titanesempresarios

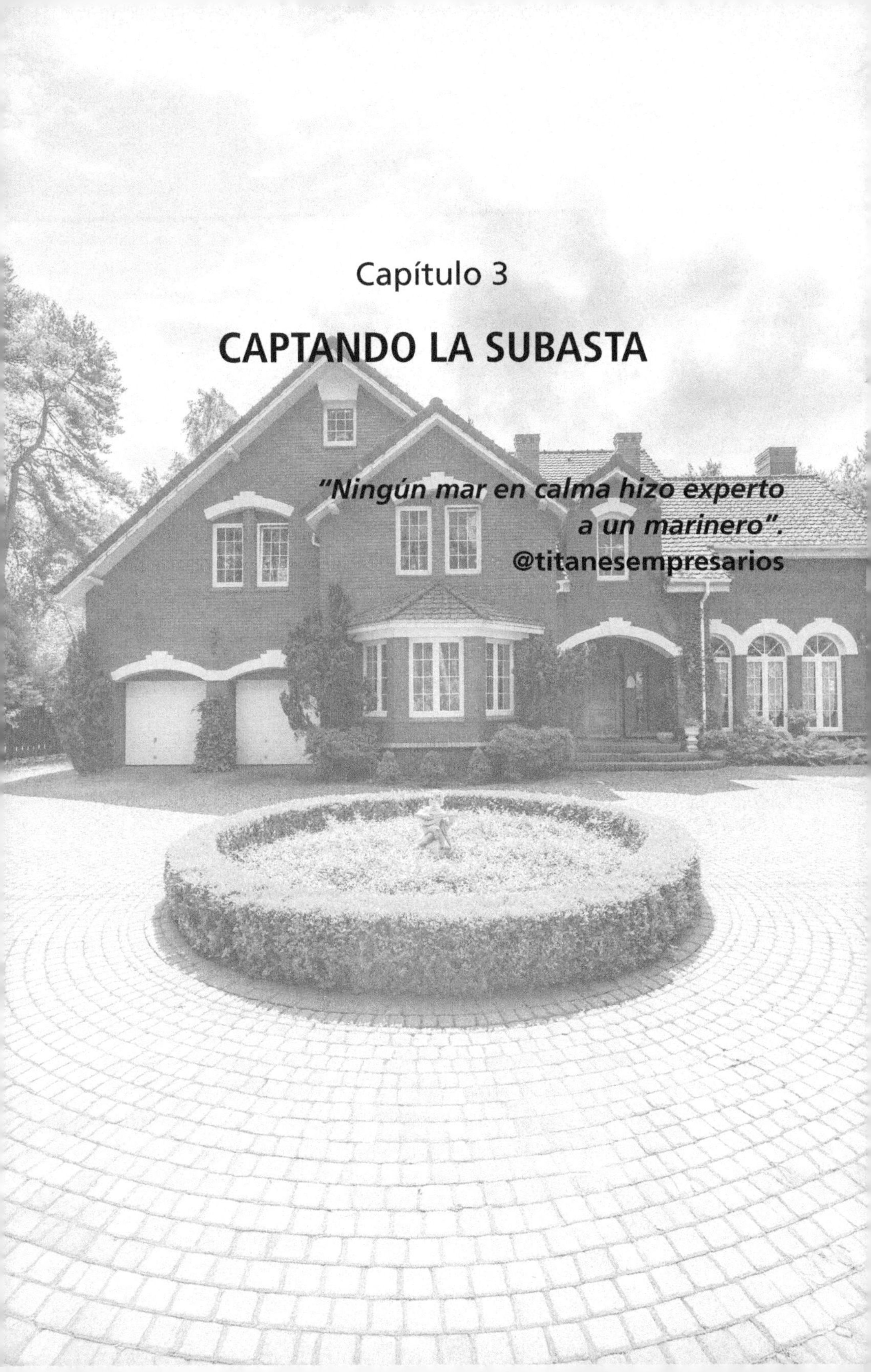

Miedo y dudas. Los seres humanos tenemos una aversión natural a lo desconocido. Algunos lo asumen de forma positiva, casi aventurera, reconociendo que ante ellos se extiende un mar de posibilidades. Sin embargo, para otros la incertidumbre puede resultar tan devastadora como la carcoma en la madera, pues erosiona su fortaleza, sus creencias y su capacidad de actuar. En otras palabras, los paraliza y no les permite tomar decisiones determinantes para su futuro. Como se suele decir, se quedan como una liebre a la que ciegan las luces largas de un coche en la carretera. Inmóviles. Asustados. Sin saber qué hacer.

Este miedo a lo desconocido es un problema más común de lo que parece. De hecho, yo lo he vivido en mis carnes en más de una ocasión. El no saber qué va a pasar a continuación, ver cómo el control de la situación escapa entre tus dedos como granos de arena. Pocas sensaciones generan más ansiedad que ese temor a lo que no podemos controlar. Nuestra imaginación se dispara, visualizamos cientos de escenarios catastróficos y nos preparamos mentalmente para recibir el golpe. Pero, ¿y si el impacto nunca llegará? ¿Y si lo que hay ahí tras la niebla es en realidad algo bueno?

Esas preguntas fueron las primeras semillas de mi Método ARZA. Un día comprendí que la incertidumbre es natural, que el miedo forma parte de nuestro ser y que era yo quien debía dominarlo y no al revés. Pero, sobre todo, que la inacción no conduce a nada, únicamente el movimiento genera energía, solo caminando hacia delante se conoce el futuro.

Y ahí está la clave, para mí. Considero que una forma efectiva de superar los miedos a lo desconocido es CONOCER. Adquirir el conocimiento sobre aquello que nos genera incertidumbre. Saber más, aprender y mejorar nuestra percepción de las cosas que hasta ahora no conocemos.

En el proceso de implementación del Método Arza vas a descubrir que el mundo de las subastas no es ese mundo opaco al que solo unos pocos elegidos logran acceder. Al contrario, te darás cuenta de que, al conocer sus resortes, resulta mucho más sencillo de lo que pensabas. Una vez te familiarices con sus características sentirás mayor seguridad, permitiendo que tu autoconfianza crezca arrojando luz a esas tinieblas de lo desconocido.

Pero, ¿qué pasaría si por miedo a no saber qué va a pasar, a tener que aprender un sistema nuevo, te quedarás inmóvil y dejarás que la incertidumbre se adueñe de ti? La respuesta es clara: estarías dejando pasar una gran oportunidad de crecimiento tanto profesional como personal.

Y es que el método ARZA te indica qué hacer y cómo hacerlo en todo momento. Es una guía con los pasos a seguir para que tengas más posibilidades de resolver satisfactoriamente cada desafío que encuentres en tu camino.

Es por eso que en este capítulo voy a darte las bases fundamentales para entender el mundo de la subasta y sus entresijos, con el fin de aportarte conocimiento con el que poder disipar la niebla de lo desconocido. Los conceptos aquí explicados tienen como objetivo que entiendas la filosofía que hay de base en este mundo tan interesante de las subastas inmobiliarias, y cómo puede ayudarte a impulsar tu carrera, a avanzar hacia el futuro con paso firme.

Cuando tienes una idea clara de lo que te vas a encontrar y sabes cómo manejarlo, tus miedos y temores disminuyen considerablemente, la incertidumbre se hace pequeñita en un rincón y tu corazón late con ganas de vivir la vida con plenitud. Es en esa fase del proceso cuando ya lo ves claro y cuando dominas el Método ARZA, el momento en el que empiezas a **generar TU PRIMER MILLÓN.**

## Implementando el método arza: el primer paso hacia tu futuro

### *La historia de la tortuga: captando la subasta*

Decía el filósofo Aristóteles que la inteligencia es primero conocer, y luego aplicar ese conocimiento. Toda la razón tenía el griego, pues esa es la base para vencer la incertidumbre, poner en movimiento tu vida y llegar hasta el punto en el que te gustaría estar. Aprender e implementar. Eso es justo lo que vamos a hacer aquí.

Para empezar, me parece conveniente aclarar una serie de conceptos fundamentales que nos ayudarán a entender qué pasa antes y después de que la subasta ocurra. Para ello, me gustaría contarte una breve pero muy esclarecedora historia que he titulado *La tortuga en su caparazón*.

Todo empezó cuando Pepe dejó de pagar las cuotas mensuales de la hipoteca al Banco. Los meses fueron pasando y, tras dieciocho meses sin pagar, el Banco decide interponer una demanda ante el Juzgado pertinente.

Aquí es necesario apuntar que la *ley de garantía hipotecaria española 5/2019* establece los mínimos legales con los que el banco puede declarar el *vencimiento anticipado* de la hipoteca. En la ley anterior, del año 2013, se podía ejecutar un préstamo hipotecario con un mínimo de tres cuotas impagadas. La nueva ley extendió este plazo a 12 meses en favor de los deudores.

Pero volvamos con Pepe. ¿Por qué dejó de pagar sus cuotas al Banco? Pues verás, Pepe tenía su piso en Barcelona donde vivía con su mujer y su hijo. Llegó el día de la jubilación y decidió ir al pueblo a vivir una vida apacible junto a su mujer, dejándole el piso de Barcelona a su hijo para que este se encargara de todo.

El problema vino cuando el hijo se encargó de poca cosa, ya que dejó de pagar la hipoteca. Y, claro, el Banco comenzó a emitir notificaciones de cobro que se estrellaban en el buzón sin que nadie las leyera.

Un día soleado y con alguna nube dispersa, el hijo decidió pasar por el piso para ver si había correspondencia y si todo estaba en orden. Abrió el buzón, cogió todas las cartas y se las llevó a su padre en el pueblo, sin más preocupación que llenar el depósito de gasolina del coche antes de partir.

Cuando Pepe vio el montón de notificaciones de demanda del Banco se le cayó el alma a los pies y el color abandonó su rostro. Reclamó a su hijo, pero este no supo qué decir más que prometer que lo arreglaría. Sin embargo, la inacción volvió a imperar. Nadie hizo nada. Todos metieron la cabeza dentro del caparazón, como tortugas ante un depredador.

Ante esa actitud de pasividad, llegó lo inevitable: ahora la propiedad de Pepe está en un proceso de ejecución hipotecaria y se está subastando en el portal de subastas del BOE.

## Arrojando luz a la incertidumbre: las subastas judiciales

Llegados a este punto, es el momento de arrojar luz sobre el concepto de subasta judicial. Se trata de una de las formas que existen para convertir los bienes embargados al deudor (moroso) en dinero. El objetivo es la satisfacción de la deuda al acreedor que ha demando. Esta forma es la establecida por la Ley como **Proceso de Ejecución Hipotecaria.**

Bien, veamos ahora las fases de este proceso.

## Fases del procedimiento de Ejecución Hipotecaria

Hace poco, un compañero subastero me contó una experiencia que nos viene como anillo al dedo para ilustrar este proceso. Después de muchos intentos de localizar a la propietaria de un inmueble en una subasta ubicada en la Costa del Sol, mi compañero casi tiró la toalla. Al fin, un golpe de suerte le hizo dar con ella. Era una ciudadana inglesa, hablaba poco castellano, así que la comunicación no era del todo fluida. Durante esa conversación en la puerta del inmueble, mi compañero le expuso que tenía varias opciones para evitar que le subastaran su vivienda, le explicó que, de acuerdo a la Ley de Enjuiciamiento Civil (LEC), podría:

1. Firmar un **convenio de colaboración** con el acreedor donde se pacte la forma de convertir el bien en dinero. Podría pactar que el bien se vendiera al mejor precio de mercado y al recibir el dinero se haría la liquidación de la deuda hipotecaria correspondiente.

2. **Vender** el bien por medio de persona o Inmobiliaria especializada, que le hiciera la valoración del inmueble y le promocionara la venta.

3. **Enervar** la deuda, conseguir un dinero prestado, suficiente para pagar solamente las cuotas vencidas y suspender la subasta.

¿Qué pasó con la propietaria de este inmueble? Pues Susan, que así se llamaba, escuchó con atención las posibilidades que mi compañero le explicó. Tras varios encuentros y explicaciones detalladas de mi compañero, Susan se decantó por contratar a mi compañero API con Especialización en el Método ARZA y le dio el inmueble en venta. Susan pudo parar el proceso de subasta, pagando parte de la deuda con el dinero de las arras recibidas y luego con el remanente recibido en la protocolización. Además le quedó un dinero adicional para la entrada de su nueva vivienda.

Aquí mi compañero supo aprovechar claramente una oportunidad de mercado, captando un inmueble en proceso de subasta, o sea participando en la venta del inmueble, pero además y más adelante en la compra de la nueva vivienda de Susan.

Ahora, sabiendo que la historia llegó a buen puerto, vamos a describir lo que pasó antes de que mi compañero hablara con Susan hasta el momento que está pagó la deuda hipotecaria. Así, podrás entender este proceso y ver cómo funciona paso a paso.

Para empezar, el acreedor hipotecario, después de todos sus intentos de cobro, había decidido interponer la demanda y lo hizo siguiendo los pasos del Procedimiento Judicial Hipotecario, que son los siguientes:

### *1. Presentación de la demanda ejecutiva*

Es el acto en el cual el acreedor hipotecario (Banco, o un tercero) interpone la demanda al deudor hipotecario que dejó de pagar sus cuotas. De esta forma lo obliga a pagar la deuda.

### *2. Despacho de la demanda hipotecaria*

El Juzgado, después de las revisiones correspondientes, autoriza y despacha la ejecución. Esto significa que se notifica al demandado (deudor) y se le solicita el pago inmediato de la deuda.

### *3. El embargo del bien hipotecado*

El embargo es el resultado del incumplimiento de los compromisos de pago contraídos por el deudor luego de adquirir un préstamo. Consiste en la **retención legal del bien** otorgado en garantía a la institución financiera, por parte de esta para su posterior venta o subasta.

Es imprescindible el embargo del bien para que ocurra la subasta, es un paso fundamental en la vía de apremio. Este concepto (vía de apremio) técnicamente, se define como un proceso administrativo que tiene como fin la liquidación de manera forzosa del patrimonio de un deudor, con el objetivo de saldar una deuda. En otras palabras, un embargo.

Así pues, el apremio o la vía de apremio consiste básicamente en el embargo de los bienes del deudor, o tasación de los mismos y la subasta pública para la realización del bien en dinero. El siguiente paso es que se anota el embargo en el Registro, para dar publicidad registral y evitar que un tercero alegue no conocer la situación de embargo del inmueble.

Además, para asegurar que todos estén informados y que no haya sorpresas, se realiza una anotación preventiva en el Registro de la Propiedad. Esta anotación no es el embargo en sí, pero informa a cualquier tercero de su existencia. Esto es vital para proteger los derechos del acreedor y evitar que el inmueble se venda sin que se resuelva la deuda.

En resumidas cuentas, las anotaciones de embargo sirven para varias cosas: asegurar que el acreedor tenga preferencia en el cobro de su deuda, evitar la venta del inmueble sin coordinar con el acreedor, y proteger contra la aparición de terceros que puedan complicar el proceso. Aunque no son necesarias para ejecutar una subasta, brindan una seguridad adicional al proceso.

### *4. El juez solicita la "Certificación de Dominio y Cargas"*

En el intrincado proceso de una ejecución hipotecaria, cada paso que se da tiene su propio propósito y significado. Uno de esos pasos cruciales es la solicitud del Certificado de Dominio y Cargas por parte del Juzgado al Registro de la Propiedad.

Este certificado confirma la subsistencia de la hipoteca y el crédito reclamado, y se inscribe una nota marginal en la hipoteca para reflejar su estado actual como "subsistente y sin cancelar". El Registro, además, notifica a todos los titulares de cargas y derechos reales inscritos después de la ejecución hipotecaria, incluyendo a cualquier tercer poseedor.

En cuanto a los acreedores anteriores, no se les notifica directamente. Sin embargo, el acreedor demandante puede solicitar al tribunal que obtenga detalles sobre la vigencia y saldo pendiente de sus deudas. Finalmente, la Certificación de Cargas, revisada y firmada por el Registrador, tiene completa validez y sirve como prueba ante disputas.

Cuánta información de golpe, ¿verdad? No obstante, para mí es importante hacerte entender este proceso, ya que al entender y aplicar este conocimiento, no sólo navegarás mejor por el complejo mundo de las subastas, sino que también fortalecerás tus habilidades y perspectivas de futuro.

Pero coge oxígeno una vez más, porque me queda algo importante que transmitirte. Aunque, si me lo permites, esta vez lo haré a través de una historia basada en hechos reales. El objetivo de este relato breve es poner sobre la mesa el concepto de Tercerías de dominio.

Vamos allá.

### *5. Las Tercerías de dominio: ¿quién es realmente el propietario del bien?*

Luna quería tener una vivienda propia, así que, sin pensarlo mucho se compró un piso. Sin estar bien asesorada por una buena Inmobiliaria registró su inmueble en el registro de la propiedad. El problema es que no revisó la nota simple, así que le visita un experto en el Método ARZA y le explica que su inmueble está en subasta. ¡Sorpresa!

Para empeorar la situación, Luna descubre que es el tercer poseedor del bien inmueble que compró después de que se hubiese hecho la inscripción en el registro de una ejecución hipotecaria o de la anotación de embargo. Vaya, como ves, Luna paga el pato de no revisar la nota simple.

En pocas palabras, el tercer poseedor es aquel que compra cuando la hipoteca ya está siendo ejecutada. Así, en este caso, se supone que Luna compra sabiendo y conociendo esa circunstancia porque es su responsabilidad haber leído la Nota Simple.

Es verdad que Luna no está personalmente obligada al pago de la deuda, sino que solo ostenta la titularidad del dominio del inmueble embargado. Pero la LEC en sus artículos 662 y 613.3 ordena que el acreedor habrá de ejercer la acción legal también contra ella.

Y la guinda del pastel es que, como tercer poseedor que es, Luna no podrá pujar en la subasta al igual que el deudor. Como mucho podrán pagar la deuda hasta el monto descrito en la ejecución hipotecaria o en la anotación de embargo.

¿Pero hasta cuándo puede Luna pagar la deuda? Pues de acuerdo a la LEC art.662, será hasta que se haya emitido el Decreto de Aprobación de Remate. Pero si la adjudicación la tiene el acreedor tendrá plazo hasta la emisión del Decreto de Adjudicación.Vamos, que todavía tiene cierto margen.

Una pregunta interesante ahora sería: ¿se puede anular una subasta porque aparezca un tercer poseedor que compró antes de la anotación de embargo, pero no lo inscribió en el registro de la propiedad? Según el tribunal supremo en su sentencia del 5 de marzo del 2007, la subasta no se podría suspender en este caso.

Al final, no se llegó a demandar a Luna pero sí tuvo que preocuparse de resolver el tema de la deuda: bien pagando ella, contactando al deudor para que la pague, o (la mejor opción) contactando a un experto en el Método ARZA para que le ayude a solucionar de la mejor forma posible esta situación.

La parte que nos interesa como asesores de subastas, es que, después de transcurridos 30 días de la notificación a todos los involucrados, ya se podrá proceder a la subasta pública del inmueble. Ahí es donde surge una nueva oportunidad.

Como ves, esta historia es bastante más habitual de lo que se suele pensar, muchas personas terminan en situaciones similares por falta de conocimiento o por inacción. Ahí es donde entramos nosotros, con nuestra luz iluminando esos rincones oscuros que la incertidumbre ha pintado de negro y ayudando a personas que necesitan asesoramiento y guía.

### *6. Liquidación del dinero recaudado en la subasta*

Piensa en una maratón, una intensa carrera. El Decreto de Adjudicación es como cruzar la línea de meta. Ya no hay vuelta atrás. El Juzgado debe ahora satisfacer las obligaciones correspondientes, y lo hará de la siguiente manera:

- Pago al acreedor hipotecario: primero, se paga al banco o al acreedor hipotecario toda la responsabilidad, que incluye capital, intereses y costas, según lo estipulado en la escritura hipotecaria,

- Deudas posteriores: si queda algún sobrante, se paga a los acreedores posteriores que hayan registrado sus deudas.

- Resto al deudor: el remanente, si lo hay, se devuelve al deudor o expropietario del bien subastado.

Hay una excepción en cuanto a los sobrantes. Si el deudor no está en concurso de acreedores, cualquier cantidad que exceda el límite de la cobertura hipotecaria puede pagarse al acreedor para saldar cualquier deuda remanente. Este detalle, para mí, es un claro ejemplo de que siempre es crucial buscar asesoramiento profesional para tomar decisiones informadas y evitar sorpresas desagradables.

Ahora bien, ¿qué ocurre si el dinero recaudado en la subasta no cubre la deuda del acreedor hipotecario? En estos casos, el acreedor puede embargar otros bienes del deudor para recuperar el dinero faltante. El procedimiento judicial continuará bajo las normas de ejecuciones ordinarias.

Sin embargo, hay una luz al final del túnel, especialmente si la vivienda subastada es la residencia habitual del deudor. Existen alternativas para liberar la deuda bajo ciertas condiciones:

- Pago del 65% en 5 años: si el deudor paga el 65% de la deuda más el interés legal del dinero dentro de los cinco años siguientes al decreto de adjudicación, la deuda restante puede liberarse.

- Pago del 80% en 10 años: si se paga el 80% dentro de los diez años siguientes a la subasta, a partir de la fecha del documento de adjudicación, también se puede liberar la deuda.

Eso sí, ten claro que las condiciones que yo te muestro aquí pueden ir cambiando, por lo que te sugiero consultar siempre la información actualizada en el BOE. Es más, te diría que, a partir de ahora, el BOE sea tu lectura obligada del día. Así siempre estarás al tanto y no se te escapará nada.

Y, bien, agárrate fuerte a tu tabla porque para terminar este apartado sobre el concepto de las subastas judiciales, quiero presentarte brevemente los diferentes tipos de subastas que existen:

- Subastas judiciales: llevamos varias páginas hablando sobre ellas. Son las celebradas en los juzgados y el principal foco de nuestro interés.

- Subastas administrativas: regidas por la misma ley que las judiciales, pero también por otras normas, estas subastas las celebran entidades como ayuntamientos, la Seguridad Social y la Agencia Tributaria.

- Subastas privadas: organizadas por cualquier persona o entidad, están regidas por las normas que ellos mismos estipulan.

***El conocimiento son las alas para volar hacia donde quieras***

La historia de una subasta judicial, desde la participación en la subasta y hasta el Decreto de Adjudicación, ofrece lecciones valiosas sobre la organización, la responsabilidad y la resiliencia. Soy consciente de que he hecho mucho hincapié en los aspectos más técnicos, pero para mí es muy importante que conozcas los detalles y características de este tipo de subastas.

Como he dicho antes, el conocimiento nos da alas para volar, aminorar la incertidumbre y llegar a lugares con los que solo hemos podido soñar. Si quieres potenciar tu carrera, si buscas un futuro brillante, debes enfocar persistentemente tu mente en ese objetivo.

En estas páginas he procurado explicar con todo lujo de detalles la importancia de este tipo de subastas para que los interiorices, y comprendas que pueden resultar una oportunidad profesional inmejorable. Pero para eso, para lograr aprovecharla, debes conocer bien sus entresijos. Porque solo a través del conocimiento podemos mejorar, evolucionar y empequeñecer al miedo y la incerteza hasta el tamaño de un guisante.

## El proceso de captación: llega el momento de la criba

¿Sabes qué? En realidad, en cualquier negocio solo existe un único jefe y ese no es otro que el cliente. Este, si lo quiere, puede llegar a despedir a todos en una empresa, desde el recepcionista hasta el gerente, a todos. ¿Cómo? Muy fácil: invirtiendo su dinero en otra parte.

En el caso del mundo inmobiliario, como en todos los ámbitos laborales en realidad, la clave del éxito está en la capacidad de generar *leads* efectivos. Esto significa crear una constante fuente de subastas que eventualmente se convertirán en nuestras preciadas Subastas Cisnes.

Para mantener en movimiento a la Rueda de la Fortuna, necesitas asegurarte de generar continuamente subastas que reúnan unos requisitos mínimos. Es decir, es preciso que cuentes con una base de datos de subastas para analizar exhaustivamente para convertirlas en **Subastas Cisne** y, así, ser ofrecidas a tus potenciales clientes.

## El preanálisis

Para ello, vamos a centrarnos en esta primera fase del Método ARZA. Esto es como preparar una receta deliciosa: necesitas definir claramente los ingredientes y los pasos a seguir. Aquí, esto significa predefinir los parámetros para la preselección de subastas. Estos parámetros deben alinearse con las preferencias de tu cliente ideal.Y no olvides que tener estos criterios por escrito en la documentación del proceso de implementación es crucial.

Estos parámetros son:

- El Tipo: propiedades con el 100% del dominio en subasta: asegura que lo que estás ofertando es completo y sin complicaciones.

- Deuda menor al valor de subasta o de mercado: te ayuda a ofrecer propiedades con potencial de ganancia.

- Cargas Anteriores: dar un primer vistazo a la certificación de cargas y verificar que las cargas anteriores o no existan o sean manejables.

Estos criterios predefinidos te permitirán enfocar mejor tu búsqueda y ofrecer exactamente lo que tu cliente ideal busca.

En última instancia, ese es el objetivo de todo esto, ¿verdad? Si tu cliente logra lo que desea, tu confianza aumenta, también tu reputación se ve beneficiada y, por qué no decirlo, también tu bolsillo. Así, estarás un paso más cerca de cumplir los objetivos vitales y profesionales que te has propuesto.

Pero volviendo a lo que nos ocupa, con nuestros parámetros definidos, el siguiente paso es mantener una búsqueda activa en los diferentes portales donde se publican subastas. Te recomiendo empezar por el Portal oficial del BOE, donde se publican Subastas Judiciales, de la Agencia Tributaria, Voluntarias y Notariales.

Con todo, existen dos formas efectivas de mantenernos al día de todas las oportunidades que se publican:

- Generar y guardar búsquedas: crea búsquedas con tus requisitos preestablecidos, como por ejemplo las zonas preferidas de tu cliente ideal, y guárdalas para revisarlas periódicamente.

- Utilizar portales comerciales: estos servicios facilitan la labor de búsqueda por un precio razonable.

Ya dentro del portal de subastas, es el momento de proceder con el análisis exhaustivo, tomando en cuenta los parámetros preestablecidos para revisar cada subasta una a una y minuciosamente. Para ello, fíjate en:

- Qué se subasta: un piso, una vivienda, un parking, un terreno, etc.

- Revisa el **TIPO** de subasta. ¿Cuánto se subasta? ¿el 100% del dominio o solo la Nuda propiedad o una parte indivisa?

- Revisa la **DEUDA** o el total de **responsabilidad hipotecaria** con respecto al valor de mercado del bien: cuando la deuda es muy superior al valor del valor real de mercado, no hay rentabilidad en esta subasta y además, la probabilidad de que se la quede el acreedor es mayor. La deuda tendría que ser igual o menor al valor máximo de puja que establezcas con el cliente. Por otro lado, si la deuda es muy pequeña la probabilidad de cancelación de subasta será alta ya que es más sencillo para el deudor cancelar en cualquier momento.

- **CARGAS** anteriores: en este pre análisis la idea es echar un primer vistazo, si hay cargas anteriores de cuantías importantes mejor descartar la subasta.

**El Pre-análisis : LOS 3 PILARES**

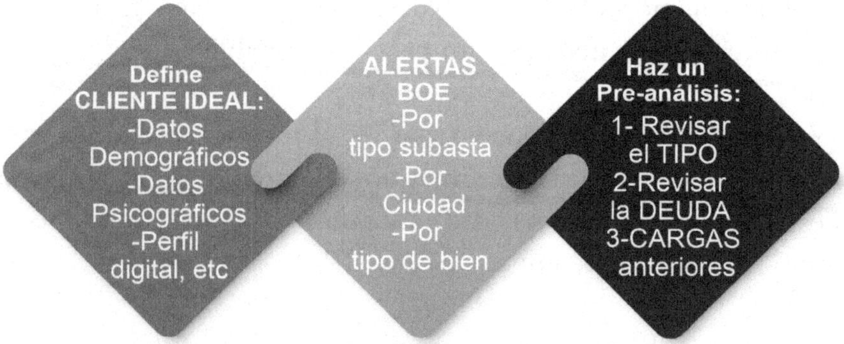

Un aplauso para ti y ese paso hacia delante que acabas de dar, ya casi lo tienes. Después de este primer vistazo al portal de subastas, llega el momento de abordar los siguientes puntos:

Revisión de la ubicación: ¿dónde está? En la ciudad o a los alrededores, o en un lugar aislado y desolado totalmente. Es importante en este punto contrastar con el target de tu cliente potencial.

Revisión de la zona: si el bien está en la ciudad, la zona donde está el inmueble es una zona de nivel económico bajo, medio o alto. Esto te dará una idea de si se acerca a las expectativas o necesidades de tu potencial cliente.

Para facilitarte este primer análisis, aquí te dejo una plantilla en la que encontrarás todos los datos que debes tener en cuenta a la hora de estudiar la viabilidad de las subastas:

https://esc.anea.me/az_20

Imagina que estás en una biblioteca y te rodean miles de libros. Tu misión es encontrar aquellos pocos ejemplares que contienen historias fascinantes, capaces de atrapar a cualquier lector desde la primera página. De manera similar, en el mundo de las subastas inmobiliarias, tu objetivo es identificar las subastas más prometedoras, aquellas que cumplen con todos tus criterios y pueden ser convertidas en las deseadas Subastas Cisnes.

Para ello, una vez configuradas las alertas pertinentes recibirás un flujo constante de oportunidades que debes revisar cuidadosamente. , llega el momento de revisar y hacer criba. Esta revisión inicial es crucial para hacer una criba eficiente y seleccionar las subastas que cumplen con tus requisitos básicos.

Registra las subastas que pasen esta primera fase en tu base de datos como potencialmente aptas. Después, completa toda la información relevante sobre cada subasta, asegurándote de tener un registro detallado y preciso. Piensa que esta base de datos es algo así como una caja fuerte donde escondes un preciado tesoro, mantenla actualizada, cuídala y sírvete de ella, pues puede ser la clave para lograr alcanzar ese futuro que deseas.

***El camino que te lleva al resto de tu vida empieza ahora***

El viaje ha comenzado y es el momento de ir dibujando el mapa de tu vida. En los márgenes, tras la niebla, puede que encuentres dragones y otros desafíos. Pero tienes una rosa de los vientos, una guía para ayudarte a navegar en los mares de tu desarrollo personal. A veces serán aguas calmas, otras, turbulentas y movidas por la tempestad. No pasa nada. Tienes el conocimiento, las ganas de aprender y el Método ARZA que vamos trabajando página a página en este libro.

Llueva o truene, haya oleaje o viento a favor, adquirir los conocimientos necesarios del mundo de las subastas a través del **Método ARZA** te dará la confianza que necesitas. Ese combustible infinito que te dará la energía para convertirte en ese Asesor de Subastas Inmobiliarias exitoso capaz de generar el **PRIMER MILLÓN.**

No esperes, actúa. La inacción solo lleva al miedo, y el miedo solo entorpece la Ley de Atracción. Recuerda visualizar tus metas, aplica lo que hemos visto en este capítulo, todo el conocimiento adquirido. No dejes de aprender, no te detengas. Sigue caminando y sírvete de mi experiencia, de todo el saber que he volcado en estas palabras. Aprovecha cada concepto para tu día a día, cada consejo. Convierte oportunidades en Subastas Cisne y darás sentido a cada vuelta del planeta, ya lo verás.

Por lo demás, en el siguiente capítulo me voy a contar cómo crear esas subastas ideales con las que podrás alcanzar el millón y vivir la vida que siempre has deseado. Acompáñame a las siguientes páginas, porque el viaje continúa.

Capítulo 4

# CREANDO LA SUBASTA CISNE

*"Donde unos ven problemas otros ven oportunidades".*
**@theMentorOFtheBillion**

Baila bajo la lluvia, ríe con el pelo al viento, grítale a la tormenta. ¿Y por qué no? La vida es un cúmulo constante de retos a los que hay que ir haciendo frente. Ya lo vimos en el capítulo anterior, el miedo puede nublar tu visión, pero también puede ser un catalizador para generar oportunidades. Todo depende de cómo visualices tu futuro, de cómo quieras enfocar tu destino.

Después de tanto camino andado, he llegado a la conclusión de que no son los retos en sí mismos los que nos definen, sino nuestra respuesta, la forma en la que reaccionamos ante ellos. Al hilo de esto, recuerdo una conversación con una amiga que, tras enfrentar un proceso vital complejo, me dijo: "no podemos controlar todo lo que nos sucede, pero siempre podemos elegir cómo reaccionar". Sus palabras resuenan todavía en mi interior, hasta el punto de haberse convertido en un mantra que me repito ante cualquier dificultad.

Porque las tormentas siempre llegarán, e igual que vendrán, pasarán. Pero el truco y la clave están en, qué vas a hacer tú cuando lleguen. Pues enfrentar los retos no se trata solo de superar obstáculos, sino de aprender y crecer a través de ellos. Es un proceso de descubrimiento personal, de encontrar fuerza en la vulnerabilidad y sabiduría en la adversidad. También de saber identificar las oportunidades.

En nuestro campo, estas oportunidades se ven traducidas en las Subastas Cisne. Ya sabes, esas subastas que nos brindan una sensación de seguridad, precisamente porque estamos familiarizados con ellas.

Conocemos sus fortalezas y debilidades, hemos evaluado el grado de vulnerabilidad o riesgo que pueden implicar, y tenemos un plan estratégico para minimizar esos riesgos. Este sentido de seguridad se logra porque estas subastas han pasado primero por un PREANÁLISIS exhaustivo, seguido de un ANÁLISIS detallado.

**La Subasta Cisne- Proceso**

El mundo de las subastas me recuerda la fábula del Patito Feo. Por si no la conoces, en esta historia, un patito nace diferente a sus hermanos, con un plumaje oscuro y poco atractivo, mientras los demás tienen un pelaje amarillo y hermoso. Así pues, el patito crece acomplejado y rechazado por todos, sintiéndose inferior. Sin embargo, al madurar, se convierte en un hermoso cisne, revelando su verdadera naturaleza y sorprendiendo a todos.

Aplicando esta fábula al mundo de las subastas, lo que quiero transmitirte es que no te dejes llevar por las apariencias. Algunas subastas pueden parecer complicadas, con múltiples cargas en la certificación o inquilinos problemáticos en la propiedad. Sin embargo, tu objetivo es transformar esta subasta aparentemente complicada en una "Subasta Cisne": una subasta analizada a fondo, con todos los riesgos medidos y controlados, lista para convertirse en una valiosa oportunidad.

## Análisis Exhaustivo del bien inmueble: un camino paso a paso

Si en el capítulo anterior te hablaba de la importancia del conocimiento para disipar las brumas de la incerteza, en este vamos a meter las manos en harina y a aprender cómo crear una Subasta Cisne desde el principio.

Así, para que puedas comprender a fondo el mundo de las subastas, a continuación te enumero los principales documentos y aspectos imprescindibles a revisar:

- La Certificación de Cargas
- El Edicto de Subastas
- La posesión
- El Expediente Judicial

Pues bien, dejemos que lleguen las tormentas porque vas a aprender a navegar sin miedo. Si comprendes estos conceptos, nada podrá pararte. Podrás seguir tu camino hacia tu vida deseada. Comencemos.

## La certificación de dominio y cargas

La certificación de dominio y cargas es un documento esencial en el mundo de las subastas, expedido por el Registro de la Propiedad. Este documento, que detalla la historia de una propiedad, es como un libro que narra quiénes han sido sus dueños a lo largo del tiempo, el uso que se le ha dado y las obligaciones legales que la afectan, como hipotecas, impuestos y embargos.

Es algo así como el libro donde se cuenta la historia de un inmueble: quiénes lo han habitado, si está libre de deudas o si hay algún juicio pendiente. La certificación de dominio y cargas proporciona precisamente esta información valiosa y detallada. Te dice si hay terceros con derechos sobre la propiedad y cualquier limitación que debas conocer antes de participar en la subasta.

Este documento cumple dos funciones fundamentales:

1. Proporcionar información completa a los licitadores: ayuda a los interesados en la subasta a entender todas las condiciones de la adquisición, especialmente sobre las cargas que no se eliminarán con la adjudicación del inmueble.

2. Identificar y notificar a los titulares de derechos y cargas posteriores: facilita la identificación de aquellas personas o entidades con derechos registrados después del acreedor ejecutante. Esto es crucial para comunicarles el proceso de ejecución, permitiéndoles defender sus intereses.

En resumen, la certificación de dominio y cargas no solo ilumina el pasado de la propiedad, sino que también ofrece una visión clara de las obligaciones actuales, asegurando que cualquier adquisición sea transparente y bien informada.

### *¿Cómo se solicita una certificación de dominio y cargas?*

Solicitar una certificación de dominio y cargas es más fácil de lo que parece, puede hacerse presencialmente en el Registro de la Propiedad o cómodamente *online*. Generalmente, esta certificación viene adjunta en el Boletín Oficial del Estado (BOE), bajo la pestaña de información general. Pero, ¿qué pasa si no está ahí? No te preocupes, solo tendrás que solicitarla a la autoridad gestora encargada.

*Contenido de la certificación de cargas:*

Esta es la información más relevante a la que debes prestar atención en la certificación de cargas.

*Datos del Registro*

**1. Identificación del Registrador**

- Datos identificativos del Registrador que firma la certificación de cargas.

**2. Fecha de Emisión**

- Fecha de emisión de la certificación.

- Información sobre documentos pendientes por presentar.

*Datos de la Finca*

**1. Número de Finca Registral**

- Número de finca registral, libro, tomo, folio de la escritura pública del inmueble.

**2. IDUFIR**

- Identificación única para los inmuebles en cualquier registro de la propiedad de España.

**3. Dirección de la Finca**

- Verificación de que la dirección coincida con la referencia catastral.

**4. Descripción de la Finca**

- Detalles sobre instancias, linderos, etc. Es importante constatar la existencia física del inmueble antes de la subasta.

**5. Superficie**

- Superficie construida y útil, que muchas veces no coincide con la referencia catastral.

**6. Titularidad (Propietario)**

- Nombre y apellidos (y NIF) o denominación del titular.

- Cómo se adquirió o bajo qué título (por compra, herencia, adjudicación en subasta, etc.).

- Carácter de la adquisición (ganancial, privativo, etc.).

- Tipo de derecho, documento adquisitivo (escritura, decreto judicial, sentencia, etc.).

- Notario (o fedatario) autorizante del documento, fecha del mismo.

- Fecha e inscripción registral de la adquisición.

*Las Cargas*

**– Listado de Cargas Registrales:**

- Detalles de cada carga, incluyendo acreedores, importes, notario (para hipotecas) o juzgado (para embargos).
- Fecha en que se constituyó la carga, inscripción registral o letra de la anotación y fecha de la misma.

***Crucial para los Inversores***

Para los inversores, es fundamental comprender la carga que se está ejecutando. El Registrador debe especificar cuál de las cargas ha originado la ejecución, indicando que está "SUBSISTENTE Y SIN CANCELAR". Esta frase es la señal de referencia para identificar qué cargas son anteriores y permanecerán después de la subasta, y cuáles son posteriores y serán canceladas por orden del juzgado.

Se trata de un concepto crucial para los inversores porque permite conocer mejor los tipos de carga:

- **Cargas Anteriores**: estas son las que fueron registradas antes de la carga en ejecución. Permanecerán vigentes y tendrán que ser pagadas por el adjudicatario del bien.

- **Cargas Posteriores**: estas se registran después de la carga en ejecución y serán canceladas tras la subasta.

Entender esta distinción es esencial para calcular el verdadero coste de la inversión y evitar sorpresas desagradables después de la adjudicación.

Si se trata de una Vivienda de Protección Oficial (VPO) en muchos casos el Registrador proporciona los datos del número de expediente del VPO y también la fecha de su calificación. Los datos del VPO también se pueden encontrar en una nota marginal junto a la inscripción de la División Horizontal y/o en el contenido de la inscripción de primera compra. En ambas inscripciones, la de división horizontal y la de compra, puede figurar las limitaciones que le afectan por ser VPO.

Pero, como decía el poeta, se hace camino al andar. Así que nada mejor que ver un caso práctico con el que poder arrojar luz a todo lo que acabamos de ver, yendo paso a paso y deteniéndose en las características del proceso.

¡Vamos allá!

## Caso práctico: aprendiendo las características del proceso

Decía Einstein que la mente es como un paracaídas, solo funciona si se abre. Estoy totalmente de acuerdo con esa frase, pues nunca se deja de aprender. En este punto, y siguiendo con la adquisición de conocimientos, llega el momento de comprender los entresijos de este proceso a través de un caso basado en la realidad.

Vamos a revisar 2 Certificaciones de Cargas reales bajadas directamente del BOE. La primera certificación corresponde al ejemplo 1, y la segunda corresponde a los ejemplos 2 y 3.

**Ejemplo 1 - Certificación de Cargas**

Tercero: Que la finca de que se trata aparece **GRAVADA** con:

INSCRIPCIÓN 4° HIPOTECA

Una **HIPOTECA** a favor de la **CAIXA D'ESTALVIS DE CATALUNYA,** en garantía del saldo definitivo resultante de la liquidación de la cuenta de crédito hasta su máximo de CIENTO TREINTA Y DOS MIL EUROS, más un máximo de SEIS MIL SEISCIENTOS EUROS de intereses ordinario, y de la cantidad máxima de VEINTISÉIS MIL CUATROCIENTOS EUROS, por intereses demora, y DOCE MIL QUINIENTOS EUROS para costas y gastos. **Se TASA** esta finca para subasta en DOSCIENTOS TREINTA Y SEIS MIL CIENTO VEINTIOCHO EUROS. Se señala como domicilio (...). **Hipoteca que se halla subsistente y sin cancelar.**

En el ejemplo 1, que corresponde a la Primera carga y a la Inscripción registral No. 4, se observa claramente que el registrador ha indicado al pie de la inscripción que esta carga aún está vigente. Por lo tanto, esta es la carga que se ejecuta. Otro indicio importante que confirma que es la carga en ejecución es que el valor de la tasación coincide con el valor de subasta indicado en el BOE.

**Ejemplo 2 - Certificación de Cargas**

**Valor de Subasta en el BOE: 233.712,00€**

**2) HIPOTECA** constituida por PEPITO PÉREZ a favor de CAJA DE AHORROS DE CATALUÑA, en garantía de un préstamo de CIENTO TREINTA Y CUATRO MIL SEISCIENTOS VEINTISÉIS EUROS CON SETENTA Y UN CÉNTIMOS de capital, intereses ordinarios de dos años, hasta un máximo de cinco enteros cincuenta centésimas por ciento, intereses de mora hasta un máximo de veintiocho mil doscientos setenta y un euros con sesenta y un céntimos y doce mil veinte euros con veinticuatro céntimos de costas y gastos, por un plazo de veinte años, siendo el pago de la primera cuota el día treinta de septiembre de dos mil ***y el pago de la última cuota el día treinta y uno de agosto de dos mil veinte.*** Tasada en la cantidad de ciento sesenta y ocho mil quinientos cincuenta y seis euros con veinticinco céntimos. Fue constituida en escritura autorizada por el Notario de (...).

En esta primera carga que aparece en esta Certificación de Cargas, se describe en el párrafo 2 una hipoteca a nombre de la "Caja de ahorros de Cataluña". Observamos que esta hipoteca no cuenta con la nota del registrador al pie de la Inscripción, donde especifique que se encuentra "Subsistente y sin Cancelar" y que confirme su vigencia. Tampoco ofrece detalles sobre la expedición de la certificación. Por lo tanto, se trata de una **carga anterior,** que tendrá que ser asumida por el ganador adjudicatario de la subasta...

Un detalle relevante es que la finca fue tasada por la Caja de Ahorros de Cataluña en 168.556,25€, lo que indica que no corresponde a la hipoteca en ejecución, ya que el valor de subasta indicado en el BOE es de 233.712€.

Igualmente, es importante revisar las fechas asociadas a la hipoteca: la primera cuota data del 30-09-2000 y la última cuota sería el 31-08-2020. Esto significa que la hipoteca ha vencido y que estará cancelada económicamente y solo requeriría el trámite de cancelación registral. Pero cuidado hay que verificarlo siempre con el Procurador del demandante acreedor.

**Ejemplo 3 Certificación de Cargas**

**3) HIPOTECA** constituida por XXXXXXXXXXXXX a favor de Luna SL en garantía de un préstamo con el fin de garantizar el pago de la deuda pendiente, hasta un máximo de doscientos veinte mil euros de capital, por un plazo de veintiocho pagos trimestrales. El capital adeudado no generará interés de ningún tipo. Tasada en la cantidad de DOSCIENTOS TREINTA Y TRES MIL SETECIENTOS DOCE EUROS, fue constituida en escritura (....)

***La relacionada hipoteca se halla subsistente y sin cancelar.***

Siguiendo con la misma certificación, pero ahora revisaremos el párrafo 3, esta corresponde a una hipoteca otorgada por una sociedad limitada (S.L.), no por un banco. **Esta es la carga que se está ejecutando,** según lo indica el registrador al pie de la inscripción registral con la nota **"subsistente y sin cancelar".**

Además, el valor de la subasta indicado en el BOE coincide con el valor de tasación del bien en la fecha de otorgamiento de la hipoteca.

Ahora, una vez aclarada la importancia y características de la certificación de cargas, es el momento de pasar a por el siguiente concepto. Prepárate porque estamos navegando por el oleaje, y entender todos estos conceptos te permitirán llegar a buen puerto.

## El edicto de subasta

Un Edicto de Subasta es un anuncio oficial que se publica en el Boletín Oficial del Estado (BOE) de España, y su objetivo es invitar a los postores a participar en la venta judicial forzosa de un bien inmueble.

La publicación de estos edictos en el BOE tiene un propósito claro y fundamental: garantizar la transparencia y la igualdad de oportunidades para todos los interesados en estas subastas. Al ser difundidos en un medio oficial, como el BOE, se asegura que todos tengan acceso a la misma información, fomentando un ambiente de competencia justa y abierta.

El Edicto de Subasta es uno de los dos documentos más importantes en el análisis de una subasta, junto con la certificación de cargas. Este documento es preparado por el propio Juzgado y normalmente se encuentra junto con la certificación de cargas en la sección de información general del BOE. Aquí, se presentan datos claves como los siguientes:

**Datos Clave en el encabezado**

- Juzgado que tramita el procedimiento, teléfono, mail, número de ejecución, etc.
- Nombres Demandados
- Nombre del Demandante
- Nombres de los Procuradores de ambas partes
- Nombre de los Abogados de ambas partes

Cuidado cuando nos encontramos con que los demandados no tienen abogado y procurador. Esto puede significar que no están notificados del proceso, lo que se traduce en más probabilidades de que se suspenda la subasta en cuanto se den por notificados. Lo mejor siempre es que estén informados.

**Responsabilidad Hipotecaria =**

**Deuda+Intereses+Costas**

Atención a **la cantidad reclamada por capital, intereses y costas.** Esta cifra es extremadamente importante, ya que el acreedor pujará hasta asegurarse de cubrir esta deuda. Si la cantidad reclamada es muy elevada en comparación con el valor de mercado del bien, es recomendable considerar la posibilidad de desistir de la subasta.

- Valor de Subasta (VS): tras liquidación de cargas anteriores si las hay
- Datos registrales del bien
- Dirección del bien
- La Referencia Catastral si existe
- Si o no en ***VIVIENDA HABITUAL DEL DEMANDADO***- dato muy relevante

De los datos anteriores, el único que debemos considerar del edicto es el de SI es o NO la ***vivienda habitual del demandado.*** Los demás datos están en la certificación de cargas, documento que es emitido por el registro de la propiedad y nos da información muy fiable

Como algo bastante excepcional, me encontré en una ocasión un Edicto de Subasta que indicaba que habían "arrendatarios", en cuyo caso es importante visitar el inmueble e intentar obtener una copia del contrato, o también pedir al juzgado revisar el expediente donde estará este contrato. Teniendo el contrato, debemos revisar que LAU le aplica, siguiendo instrucciones explicadas en el capítulo de la posesión.

**Las condiciones generales de las Subastas**

Al final del Edicto nos encontraremos las condiciones y requisitos que aplican a esa subasta, aunque por lo general son similares para todas, es importante leerlas y asegurarnos que no hay condiciones específicas para la subasta en revisión.

Nos podemos encontrar con condiciones y requisitos diferentes de las judiciales, en otros tipos de subastas como las voluntarias, notariales, etc. En general, cuando es una subasta judicial, le doy un vistazo general, pero para las demás es necesario leerlo todo.

## El expediente judicial

El expediente judicial es crucial porque proporciona información valiosa para la investigación de la subasta. De este documento obtenemos detalles importantes que no se encuentran en la Certificación de Cargas, ni en el Edicto de Subasta; también encontramos información repetida. Pero para este análisis, nos centraremos en la información que no se encuentra en los otros documentos mencionados.

Idealmente, deberíamos revisar todo el expediente, pero contiene mucha información, por lo que debemos saber filtrar lo que realmente nos interesa. Comenzando desde el principio del expediente, aquí tienes lo que debes buscar y anotar:

*Datos del demandado:*

- **Nombre, documento de identidad y domicilio de los demandados:** con esta información, podemos hablar directamente con los demandados.
- **Nombre, documento de identidad y domicilio del propietario:** el propietario podría no ser el demandado. Por ejemplo, podríamos encontrarnos con un avalista en esta situación.
- **Relación entre demandado y avalista:** ¿Son los padres, la expareja o alguien que no quiere involucrarse en el proceso?
- **Si el demandado es una empresa:** nombre de su representante, NIF y domicilio. Es importante conocer el nombre del administrador de la sociedad, que puede encontrarse en la escritura de hipoteca.

*Datos del demandante:*

- **Nombre del demandante o acreedor, su abogado y procurador:** el procurador puede proporcionar información útil para decidir si participar o no en la subasta.

*Notificaciones:*

Este es el mayor valor de revisar el expediente, hemos hablado en el capítulo 3 de la importancia de las notificaciones en el mundo de las subastas, es vital que mediante notificación oficial se requiera al deudor el pago de la deuda, la falta de esta notificación puede ocasionar la nulidad del proceso.

Se tiene que notificar el EMBARGO al deudor y también a su cónyuge si hay gananciales.

Tenemos que evitar vernos en la situación de la señora Prosperidad que cuando la visite para verificar la posesión del inmueble, y le pregunto que si era la propietaria me ha dicho que sí, y le preguntó si conocía que había una ejecución hipotecaria de su inmueble, me respondió que no. El NO estar notificada, es tan grave que hasta puede pedir aplazamiento o anulación de la subasta.

Ahora un resumen de lo relevante a revisar en un expediente judicial

- **Notificaciones a los deudores hipotecarios:**

  ¿Han firmado las notificaciones? ¿En qué fechas?

  Si no las firmaron ellos, ¿quién lo hizo? ¿Un familiar o un extraño?

- **Tercer poseedor:**

  ¿Alguien se ha presentado reclamando la titularidad del bien inmueble?

- **Arrendatarios:**

  ¿Alguien ha afirmado ser un arrendatario?

  - ¿Ha presentado un contrato de alquiler? ¿De qué fecha?
  - ¿Qué ley rige este contrato?

***Fechas y procedimiento:***

- Al revisar el expediente, ¿cómo ves el procedimiento?
- ¿El juzgado ha actuado con rapidez en esta ejecución?

***Escritura de constitución de hipoteca:***

- ¿Hay información sobre la posesión del inmueble?
- ¿Existe algún arrendatario?
- ¿Quién está habitando el inmueble y tiene algún derecho reconocido para estar allí?

Algo importante a tener en consideración es que no es fácil conseguir que nos dejen revisar el expediente judicial de la subasta. Algunos juzgados lo permiten, otros no, pero siempre hay que intentarlo.

Bien, vistos estos conceptos todavía queda oleaje por el que navegar con nuestro barco de conocimiento, así que continuemos. La próxima parada tiene que ver con la posesión del bien subastado y por qué es relevante. Agarra el timón, vista al frente, desafía la tormenta, cada vez es más pequeña porque tú vas aprendiendo más y más.

Agarra fuerte el timón, que esto continúe.

## La posesión del bien subastado

Este apartado es uno de mis favoritos, lo llamo el "apartado picante" porque tiene mucho juego. Aunque las leyes sobre la ocupación son iguales en todas las comunidades autónomas, su aplicación puede variar mucho. Los procedimientos que utilizan los juzgados pueden diferir de una comunidad a otra.

El otro día, estaba en el lanzamiento de un bien inmueble. Mientras esperábamos al representante del juzgado y al procurador, hablaba con el cerrajero, quien también me iba a instalar una puerta antiokupa. Me comentaba que en algunas comunidades, entre el 70 % y el 80 % de los lanzamientos se cancelan en el último minuto, incluso después de varios intentos con los mismos okupas. En contraste, hay otras comunidades donde las fechas de los lanzamientos se respetan y casi nunca se paralizan, ejecutándose exitosamente. Me imagino que esto tiene que ver con cuestiones políticas, pero prefiero no entrar en ese tema.

El caso es que la **posesión del bien la tiene quien ocupa la vivienda, con o sin derecho**. La posesión no tiene nada que ver con la propiedad, que es un derecho real reconocido en la escritura pública.

Así pues, antes de participar en una subasta, es esencial visitar el inmueble y verificar quién tiene la posesión. El Método ARZA define 5 niveles de riesgos a la hora de obtener la posesión del bien, abajo ordenados de mayor a menor dificultad:

1. **Usufructuario:** esta es la situación más complicada. El usufructo generalmente dura hasta que la persona beneficiaria fallece. Por eso, cuando encuentro un inmueble ocupado por un usufructuario, descartó inmediatamente la subasta.

2. **Deudor ocupando la vivienda: El Deudor Hipotecario** está protegido por la Moratoria de Lanzamiento de Deudores Hipotecarios, o lo que es lo mismo es una suspensión de desalojo de su vivienda habitual. Esta ley rige a los deudores especialmente vulnerables previstas en la Ley 1/2013, del 14 de mayo.

   Esta medida, de carácter excepcional y **temporal,** ha venido prorrogándose y, en ocasiones, ampliándose en cuanto a su ámbito de aplicación. La última que tenemos vigente es la prórroga efectuada en Real Decreto Ley 1/2024 del 14 de mayo, donde se prorroga esta suspensión hasta mayo del 2028.

Procedimiento a seguir para verificar si este deudor está protegido por esta Ley:

1. verificar en el expediente judicial que es realmente su vivienda principal. También se puede mirar en el Edicto de Subasta.

2. verificar con nota simple si tiene otras propiedades. En el caso de que las tuviese, ya no estaría en la posición de vulnerabilidad descrita.

Si estamos en último caso y tu cliente decide participar, inmediatamente después de recibir el documento oficial de adjudicación, debemos entregar un escrito al letrado solicitando la posesión. Se recibirá un documento en el que el juez otorga un plazo de 60 días para desalojar la vivienda. Pero, si el deudor sigue habitando la vivienda, será necesario iniciar un procedimiento "por precario" para obtener la posesión. Este procedimiento podrá prolongarse en el tiempo y esto dependerá de la eficacia del Juzgado que gestiona la subasta.

Conclusión: descartar esta subasta a menos que compruebes que tiene otras propiedades donde pudiera residir.

3. **Inquilinos con contrato de arrendamiento válido:** aunque también es una de las situaciones más difíciles, puede gestionarse con los conocimientos y habilidades adecuadas. El inquilino debe mostrar el contrato de alquiler. Debemos revisarlo detenidamente y verificar qué artículos de la Ley de Arrendamientos Urbanos (LAU) le aplican.

No se puede subestimar el problema que puede representar un inquilino con contrato, ya que incluso pueden ejercer su derecho al tanteo y retracto, lo que puede complicar la obtención del dominio de la propiedad. Te explico estos derechos más adelante.

### *Visitando el inmueble: Roger, con dos hijos y su perro*

Déjame contarte la historia de Roger. Era un hombre con un contrato de alquiler firmado justo antes de que la pandemia cambiara nuestras vidas. Según la ley vigente a partir de 2019, Roger tenía un contrato de 5 años con renovación automática por 3 años más. Además, era padre de dos hijos encantadores: una niña de 6 años y un niño de 10, y compartían su hogar con un hermoso perro.

Sin embargo, la pandemia golpeó fuerte y Roger perdió su trabajo. Afortunadamente, no tardó demasiado en encontrar otro, aunque algo precario. A esto, había que sumar que su esposa trabajaba informalmente como limpiadora, lo que los colocaba en la categoría de familia vulnerable. La situación de Roger pintaba complicada desde el principio. Para colmo, dejó de pagar el alquiler mensual y se convirtió en un okupa, ¡pero cuidado! El contrato de alquiler seguía allí "vivo". ¡Menudo panorama!

Mi primer intento de negociación con Roger fue un desastre. Me recibió con un portazo y me amenazó con denunciarme por acoso. Fue necesario hacer varias visitas antes de que pudiera romper el hielo y comenzar a hablar como las personas.

Durante nuestras conversaciones, Roger intentaba desanimarme para que no participara en la subasta. Me contó que el piso estaba en muy malas condiciones, que la habitación de su hija no tenía ventana, solo un tragaluz que goteaba y necesitaba reparación. Además, me confesó que los servicios sociales habían sido alertados sobre las precarias condiciones en las que vivían sus hijos en su antiguo piso. Más tarde, pude ver el piso por mí misma y confirmé las terribles condiciones en las que vivían. La habitación de la niña estaba plagada de humedades y el techo goteaba cuando llovía. Era un lugar poco saludable para una criaturita.

Atando cabos, encontré el argumento clave para persuadir a Roger y su esposa de que dejaran el piso. Los servicios sociales podrían inspeccionar el lugar y exigirles que repararan el techo y las humedades o, en su defecto, cambiar de piso. Optaron por la segunda opción y, dado su estatus de familia vulnerable, les proporciona contactos de agencias inmobiliarias para ayudarles a encontrar un nuevo hogar en alquiler. Aunque necesitaron ayuda económica, la solución fue beneficiosa para ambas partes.

La moraleja de esta historia es que cada caso es diferente y requiere un enfoque único. Aprender a empatizar con las personas con las que negocias es crucial. Necesitas entender sus necesidades para poder ayudarles, pero también conocer sus debilidades para tener argumentos sólidos durante la negociación. Puedo darte muchas ideas sobre cómo manejar estas situaciones, pero al final, la empatía y el auténtico deseo de mejorar su situación serán la clave del éxito.

Tras esta breve historia real vivida, no hace falta demasiado. Veamos las acciones a seguir dependiendo de la situación posesoria del bien inmueble:

4. **Okupas:** Este es el caso más sencillo según mi experiencia, ya que suelen estar dispuestos a negociar. Saben que no están protegidos por la ley y están aprovechando el tiempo. A menudo, aceptan dinero para irse a otro lugar. Mi consejo es negociar por todos los medios y recurrir a una demanda por precario solo como último recurso.

5. **Vivienda vacía:** Esta es la mejor situación. No es tan rara como podría parecer; en muchas subastas me he encontrado con inmuebles vacíos. Pero cuidado hay que proteger la vivienda lo antes posible.

Con esto claro, veamos qué regulaciones rigen la entrega judicial de la posesión (seguimos capeando el oleaje del conocimiento).

***Regulaciones que rigen la entrega judicial de la posesión***

La entrega judicial de la posesión de un inmueble está regulada por la Ley de Enjuiciamiento Civil (LEC) en sus artículos 675, 661.2 que ordena que:

> *"**Artículo 675.** Si el inmueble estuviera ocupado, el secretario Judicial acordará de inmediato el lanzamiento cuando el Tribunal haya resuelto, con arreglo a lo previsto en el apartado 2*

*del artículo 661, que el ocupante u ocupantes no tienen derecho a permanecer en él."*

*"**Artículo 661.2.** El ejecutante podrá pedir que, antes de anunciarse la subasta, el Tribunal declare que el ocupante u ocupantes no tienen derecho a permanecer en el inmueble, una vez que este se haya enajenado en la ejecución."*

Lo primero que debes tener claro es que la posesión de un bien inmueble solo puede ser otorgada por un juez. Esta es una de las principales ventajas de las subastas judiciales. Al ganar una subasta judicial, puedes solicitar inmediatamente al juez la posesión del inmueble.

En cambio, en otras subastas, como las tributarias o notariales, los organismos o entidades que las gestionan no tienen la autoridad para otorgar la posesión. Si el inmueble está ocupado, tendrás que acudir a un juez para solicitarla.

Si el inmueble está ocupado, una vez terminado el proceso de subasta con el Documento de Adjudicación de Remate otorgado por el juzgado, puede ocurrir:

- Que el juzgado ya haya revisado el caso y haya resuelto que los ocupantes no tienen ningún derecho a permanecer en la vivienda después de la adjudicación del bien. En este caso, el secretario ordenará el lanzamiento.

- Que el juez no haya resuelto. Entonces, el adjudicatario tendrá que solicitar el lanzamiento de los ocupantes sin derechos a permanecer en el inmueble. Esta petición se notifica a los ocupantes, quienes serán citados a una vista oral que, según la ley, debe realizarse en un plazo de diez días.

En esta vista oral, los ocupantes tendrán la oportunidad de presentar pruebas e intentar demostrar cualquier derecho que tengan para permanecer en la vivienda. Si te encuentras en esta situación, es crucial acudir a la vista oral con tu abogado y toda la información recopilada durante el proceso de investigación, como una copia del supuesto contrato de alquiler que los ocupantes afirman tener.

Este proceso se refiere a los ocupantes que no son los demandados. El demandado no podrá permanecer en la vivienda después de la adjudicación del bien, ya que no tiene ningún derecho que lo ampare y el juez lo obligará a entregar la vivienda al ganador de la subasta.

### *¡Sorpresa! Roberta es una okupa*

Déjame compartir contigo una experiencia que viví hace un tiempo. Un día normal, como otro cualquiera, con su sol en el cielo, las nubes dispersas y ni frío ni calor, conocí a Roberta. Ella era una okupa sin ningún derecho a permanecer en el inmueble que me había adjudicado.

Al poco, ambas fuimos convocadas a una vista oral y yo me presenté con mi abogado. Roberta, por su parte, estaba acompañada por un abogado de oficio gratuito proporcionado por el Estado. Argumentó vulnerabilidad debido a su salud, pero no pudo presentar ningún documento que respaldara su ocupación. La vista oral transcurrió como esperaba, con argumentos expuestos por ambas partes, pero terminó sin ninguna resolución clara. Sin embargo, días después, recibí la sentencia a mi favor por parte del Juez.

El siguiente paso era ordenar el lanzamiento, y aquí quiero compartir contigo una lección importante que aprendí: el juez tardó un año más en emitir la orden de lanzamiento después de que el fallo fuera a mi favor. No quiero desanimarte con esto, sino instarte a investigar muy bien antes de pujar.

Por lo anterior, es crucial saber quién es el okupa. Si es una persona mayor o tiene problemas de salud, es probable que el proceso para obtener la posesión sea más largo y complicado. Obtendrás la posesión finalmente, pero es importante calcular los tiempos en términos de retorno de la inversión.

Segundo, investiga cómo funcionan estos procesos en otras comunidades, ya que puede haber diferencias importantes. Invierte tiempo estudiando las diferencias en otras comunidades o juzgados donde el procedimiento sea eficiente y rápido.

Continuamos con el caso de Roberta, cuando llegó el día del lanzamiento con la sentencia firme del Juez, nos presentamos las partes involucradas: un funcionario en representación del Letrado de la Administración de Justicia que llevaba el caso, mi procurador y un cerrajero que puedes contratar tú mismo o que te proporciona el procurador para cambiar la cerradura de la puerta del inmueble después del desalojo.

En este acto presencial, el funcionario judicial declara públicamente que el nuevo titular adquiere la posesión del bien y todos los presentes firman el acta de posesión. Y así, finalmente, obtener la posesión. El ocupante se marcha y todo queda resuelto. En el mejor de los casos, la presencia de la Policía no es necesaria.

### *Samuel, el okupa que se resiste a dejar el inmueble*

Otra situación similar a la anterior y también sacada de mi propio diario personal, es la que viví con Samuel. Este era un okupa decidido a no abandonar el inmueble, incluso con el funcionario judicial y el procurador presentes.

Mientras todos firmábamos el acta de posesión, Samuel se negaba rotundamente a hacerlo. El secretario le advirtió que debía marcharse, pero él se mantuvo firme en su posición. El Secretario se marchó del lugar convencido de que al final saldría del inmueble, pero no sucedió así. Fue entonces cuando el procurador tomó medidas y llamó al funcionario judicial, quien apareció nuevamente, pero esta vez acompañado de cinco policías robustos.

El espectáculo comenzó cuando Samuel empezó a proferir insultos y a negarse a salir. El procurador no dudó y en cuestión de minutos los policías entraron en acción para sacar por la fuerza a Samuel.

Una vez fuera, el cerrajero cambió las cerraduras y colocó una puerta antiokupa. Poco después, llegó el instalador de la alarma de seguridad con aviso a la policía, completando así la protección del inmueble.

Sin embargo, al acceder a la vivienda, nos dimos cuenta de 2 situaciones: en primer lugar, Samuel tenía muchas plantas de marihuana en 2 de las habitaciones y, en segundo lugar, uno de los ventanales que daba a la calle (al tratarse de un bajo), tenía unas rejas poco seguras. Ante esta situación, actuamos rápidamente y contratamos la instalación de láminas de acero para reforzar el ventanal.

Esta experiencia me enseñó que pueden surgir imprevistos que debemos solucionar sobre la marcha, pero lo más importante es no dejar el inmueble desprotegido y vulnerable ante posibles amenazas. ¡La seguridad es primordial en estos casos!

## La ley antidesahucio

Llegados a este punto, entra en juego la Ley Antidesahucio. Esta es una herramienta creada por el gobierno para proteger a la población vulnerable de ser expulsada de sus hogares. Se trata de una ley diseñada especialmente para aquellos okupas que ingresan a una propiedad sin recurrir a la violencia o la intimidación.

Ha sido objeto de numerosas enmiendas a lo largo de los años, y la más reciente, la Ley 12/2023 de 24 de mayo, conocida como el Derecho a la Vivienda, trae consigo importantes cambios que afectan directamente al mundo de las subastas.

Una de las modificaciones más significativas es que la nueva ley ya no considera la okupación como un movimiento social, sino como un delito de usurpación, que será resuelto a través de un desahucio por parte de las fuerzas de seguridad si el propietario presenta una demanda judicial. Sin embargo, para que se pueda expulsar a los usurpadores, es necesario que su ingreso o permanencia en la vivienda haya sido resultado sin intimidación o violencia sobre las personas.

Además, la Ley de Vivienda de 2023 introduce una modificación en la Ley de Enjuiciamiento Civil para fortalecer el proceso de mediación durante los desahucios, especialmente en aquellos que involucran a grandes tenedores de vivienda y a inquilinos en situación de vulnerabilidad. El objetivo es fomentar el acuerdo entre ambas partes antes de proceder al desalojo, y en caso de no alcanzar una conciliación, buscar una solución habitacional para los ocupantes vulnerables.

Pero, ¿qué cambia en los desahucios para los grandes tenedores? Pues que esta enmienda se aplicará siempre que se cumplan ciertos requisitos, como que el propietario posea más de diez viviendas (5 en Cataluña), o más de 1.500 $m^2$ de propiedad, excluyendo garajes y trasteros. Además, se deberá demostrar la vulnerabilidad del inquilino u okupa para que se aplique esta medida.

Por último, hay que tener en cuenta el desahucio *express*. Este es un procedimiento verbal especial que permite reclamar el desalojo de inquilinos morosos y okupas, y que se ha ido perfeccionando a lo largo del tiempo para hacerlo más rápido y eficiente, adaptándose a las necesidades y situaciones cambiantes de la sociedad.

La Ley Antidesahucio tiene sus normativas legales de aplicación general, pero cada Generalitat podría decidir una aplicación diferente para su Comunidad Autónoma. Es por esto importante siempre buscar las regulaciones actualizadas y por Comunidad Autónoma.

## El tanteo y retracto en las subastas

Nuestro navío del conocimiento ya está terminando su travesía, al menos a lo que este capítulo se refiere. Todavía quedan olas que surcar y conceptos que tratar para que comprendas mejor paso a paso el proceso de convertir Subastas Cisne en tremendas oportunidades.

El último puerto de esta travesía y, por tanto, el último concepto del que te quiero hablar en este capítulo es del derecho al tanteo y retracto. Se trata de un concepto clave regulado en la Ley de Arrendamientos Urbanos (LAU). Pero, ¿qué significa realmente?

***El derecho de tanteo permite al inquilino la oportunidad de adquirir la propiedad que actualmente alquila, antes que cualquier otro comprador.*** Es como tener la primera opción en una subasta, pero sin competencia. Si el inquilino está interesado, el juzgado le notificará sobre la ejecución hipotecaria con suficiente antelación. A partir de entonces, tiene treinta días para tomar una decisión.

Por otro lado, el derecho de **retracto** es la oportunidad para el inquilino de ocupar el lugar del comprador adjudicado en una subasta pública. Se activa una vez que la subasta ha concluido. Al igual que con el derecho de **tanteo**, el inquilino dispone de treinta días para ejercer este derecho, contados desde la notificación o desde la inscripción registral de la adjudicación. Es importante tener en cuenta que, en algunos casos, el plazo para ejercer el retracto puede ser de sesenta días si el contrato de arrendamiento es anterior a 1985.

Si el inquilino no ha sido notificado durante el proceso de subasta, aún puede hacerse antes de que se registre el bien. En ese caso, se debe realizar una notificación formal, detallando todos los aspectos relevantes de la transacción. Sin embargo, si el inquilino decide ejercer su derecho de retracto, deberá asumir todos los gastos e impuestos asociados con la transacción.

Se recomienda que sea el adjudicatario quien notifique al inquilino una vez que tenga el decreto de adjudicación en sus manos. Si se puede resolver antes de la emisión del decreto, se ahorrará tiempo y posibles percances.

Para mí, resulta esencial revisar cuidadosamente el contrato de arrendamiento antes de la subasta, ya que algunos contratos pueden incluir una cláusula de renuncia expresa al derecho de tanteo y retracto por parte del inquilino. Esta precaución puede evitarte sorpresas desagradables más adelante.

***¿Cuál es el procedimiento a seguir por el inquilino para ejercer el derecho de tanteo y retracto?***

Imaginemos que eres un inquilino y resulta que el casero decide vender el lugar donde vives. El derecho de tanteo significa que tú tienes la primera oportunidad de comprarlo, incluso antes que cualquier otro interesado. Y si decides ejercer ese derecho, tienes un mes para ponerte las pilas y actuar.

Ahora, el derecho de retracto es como una segunda oportunidad. Si la subasta ya se hizo y alguien más se llevó el inmueble, aún puedes decidir que quieres ocupar el lugar del ganador de la subasta. Pero aquí también hay un plazo de un mes para que tomes esa decisión.

El tema es que, para ejercer estos derechos, necesitas un abogado y un procurador. Luego presentas una demanda judicial, mostrando el contrato de alquiler y pagando el monto que se adjudicó en la subasta. No tienes que preocuparte por los impuestos y gastos en esta fase.

Una forma eficiente de ahorrar en este procedimiento sería que una vez dictado el Decreto de Adjudicación de **Remate**, no el de adjudicación, el arrendatario con su abogado y procurador presenten al juzgado el contrato de arrendamiento y soliciten SUSPENDER la aprobación del remate con el objetivo de ejercer su derecho de retracto. Esta es la situación ideal para todos, ya que se ahorra tiempo tanto del cliente como del arrendatario.

Aunque hay juzgados que no permiten este procedimiento y solo admiten la presentación de la demanda judicial, el objetivo es evitar presentar demanda, ya que de esta forma no habrá que pagar el precio restante del remate y se podrá recuperar la fianza en pocos días.

### *El caso de Esther y su batalla perdida para ganar la guerra*

Desde tiempos inmemoriales, desde que alguien tuvo la ocurrencia de representar ideas con su mano manchada de pintura rudimentaria en las paredes de una caverna, que las personas utilizamos las historias para hacernos entender. Y, si me preguntas a mí, creo que las anécdotas y los ejemplos de casos reales son la mejor forma de hacer florecer las semillas de todos los conceptos que estamos viendo en estas páginas.

Es por eso, siguiendo con este pensamiento, que voy a contarte a continuación la historia de Esther: una inquilina diligente que descubrió que el piso donde vivía estaba en subasta. Decidida a ejercer su derecho de retracto.

Primero, Esther buscó un buen abogado y un procurador que pudieran guiarla en este complicado proceso. Después de encontrar a los profesionales adecuados, su abogado revisó minuciosamente toda la documentación para asegurarse de que Esther podía ejercer su derecho. La revisión fue exhaustiva, prestando especial atención a que el contrato no incluyera la cláusula de renuncia al retracto.

Con la certeza de que podía proceder, Esther, junto con su abogado, interpuso una demanda ante el juzgado responsable de la subasta. La estrategia era presentar la demanda justo después de que la subasta finalizara, pero antes de que se emitiera el Certificado de Adjudicación de Remate. De esta manera, Esther buscaba detener el proceso a tiempo. A través de la demanda, Esther solicitó formalmente que la aprobación del remate quedará en suspenso. El juzgado, al considerar su petición, procedió de acuerdo con lo solicitado.

Al suspenderse la aprobación del remate, se ahorró mucho tiempo y complicaciones tanto para ella como para el posible adjudicatario. La rápida actuación de Esther y su equipo legal permitió evitar un prolongado proceso judicial, demostrando que, a veces, perder una batalla puede ser la mejor manera de ganar la guerra.

***El caso de Vicent y su derecho al retracto***

Vicent era un inquilino ejemplar, meticuloso y siempre bien informado. Un día, se enteró de que el piso donde vivía iba a ser subastado. Decidido a ejercer su Derecho de Tanteo y Retracto, decidió hacer el proceso a través de una Notaría y seguir los pasos delineados por la Resolución de la Dirección General de los Registros y del Notariado del 1° de octubre de 1999.

Primero, Vicent buscó a un gestor experto en subastas. Sabía que contar con la ayuda de un profesional era crucial para manejar los complejos detalles del proceso. El gestor, con su amplia experiencia, revisó al milímetro toda la documentación a fin de que Vicent pudiera ejercer su derecho. La clave, como en la historia de Esther, estaba en verificar que el contrato no incluyera una cláusula de renuncia al retracto.

Después, el experto subastero revisó la situación de la subasta y todos los detalles de los términos de la transmisión. Si ya había una Certificación de Remate o de Adjudicación, se contactará al beneficiario para informarle de la intención de Vicent de ejercer su derecho ante notario.

Vicent solicitó formalmente la escritura del ejercicio voluntario del retracto. El notario, eficiente y preciso, preparó toda la documentación necesaria. El adjudicatario del bien también presentó su documentación y, finalmente, la transmisión del piso a Vicent se llevó a cabo sin contratiempos.

Este método resultó ser una solución favorable para todas las partes involucradas. El ganador de la subasta evitó un largo y tedioso proceso judicial, lo cual significaba que sus recursos no quedarían paralizados durante años. Para Vicent, el hacerlo por medio de una Notaría le resultó ser mucho más económico y rápido que presentar una demanda judicial con la mediación de abogado y procurador.

Sin embargo, Vicent sabía que no todos los inquilinos podían actuar con la misma celeridad. Algunos podrían carecer de la liquidez necesaria para ejercer el retracto de inmediato, prefiriendo quizás optar por el proceso judicial para ganar tiempo y posponer el pago durante unos años.

El caso de Vicent resalta la importancia de entender los diferentes tipos de retracto. Cada caso necesita ser analizado individualmente. Por ejemplo, el Retracto de Colindantes solo se aplica a las fincas rústicas dedicadas a la actividad agrícola. Por lo que es crucial estar bien informado y actuar rápidamente para poder marcar la diferencia.

## Breve repaso por los conceptos del capítulo

Sí, lo sé. Soy consciente de que este capítulo contiene toneladas de información, pero, de la misma manera, estoy convencida de que se trata de datos relevantes que van a ser muy útiles en tu evolución laboral y la consecución de tus objetivos vitales.

Con todo, para que no pierdas detalle, te he preparado un breve repaso con cada paso del proceso que hemos visto en este capítulo. Un resumen, si lo prefieres, para que puedas interiorizar mejor todo el conocimiento.

**El preanálisis y el análisis** son etapas cruciales en el proceso de creación de las Subastas Cisnes, el producto estrella que ofrecerás a tus clientes. Mantener una base de datos actualizada con estas subastas es esencial para mantener la Rueda de la Fortuna funcionando de manera eficiente y continua, generando los ingresos necesarios para alcanzar tus objetivos.

**Las Subastas Cisnes** no solo serán ofrecidas a tu cliente ideal, sino que también se publicarán para generar "*leads*". En el mundo inmobiliario, nuestra tarea básica y fundamental es la generación de *leads*. Sin *leads*, no hay negocio.

Todo el proceso de análisis que se debe efectuar a cada subasta, lo podríamos resumir en estos 4 pilares fundamentales:

**La Certificación de Dominio y Cargas** es el documento más importante en el proceso de investigación de una subasta. Emitido y firmado por el Registrador, este documento detalla todas las cargas y gravámenes que pesan sobre el bien objeto de la subasta.

En este documento, el registrador indicará, mediante una nota al pie de la inscripción registral, la carga que se está ejecutando y que, por lo tanto, permanece subsistente y sin cancelar. Con esta información, se pueden identificar las **cargas anteriores**, que serán asumidas por el adjudicatario, y las **cargas posteriores,** que se borrarán por orden del juez tras la subasta del bien.

**El Edicto de Subasta** es la resolución judicial que anuncia la celebración de una subasta judicial. Este edicto especifica los bienes a subastar, su valoración, descripción, ubicación, así como el día, lugar y fecha de la celebración y las condiciones de la subasta.

**La posesión** o la situación posesoria de un bien en subasta indica que hay personas, distintas del dueño actual del bien, que ocupan el inmueble embargado. Aunque la situación posesoria del inmueble debería ser siempre indicada en los edictos de la subasta, en la práctica esto no siempre se informa, por lo que los participantes de la subasta deberán averiguarlo por su cuenta.

**El Expediente Judicial** es el conjunto de actuaciones judiciales que documentan por escrito el desarrollo del proceso de ejecución hipotecaria. Este expediente ofrece información valiosa sobre los datos del demandado y las **notificaciones** oficiales donde se requiere al deudor el pago de la deuda. La falta de esta notificación puede ocasionar la nulidad del proceso.

**El Tanteo y Retracto** deben considerarse cuando el ocupante es un inquilino con contrato de arrendamiento que incluye esta cláusula. En los últimos años, es común encontrar contratos con renuncia a este derecho.

### *Desafiando el oleaje en busca de oportunidades*

Ahora, con las olas en calma y el ancla echada, es el momento de afianzar todo el conocimiento que hemos encontrado a lo largo de la travesía en este mar de papel impreso.

Mi intención al escribir este capítulo es la de presentarte el reto de convertir subastas oscuras en Subastas Cisnes y, a la vez, darte las herramientas para que quieras aceptar el desafío, consciente de que vas a superarlo. Solo hace falta determinación, ilusión y visualizar el lugar al que quieres llegar. Implementa lo que estás aprendiendo aquí y nada te detendrá.

En el próximo capítulo te cuento cómo presentar estas Subastas Cisne a tus clientes, para lograr así mejorar tu situación laboral y poder dar pasos de gigante hacia el horizonte. Queda mucho mar por recorrer aún, pero vamos a hacerlo juntos, aprovechando todas las oportunidades que como bancos de peces brillantes aparezcan en nuestro camino.

Te espero en las siguientes páginas.

Capítulo 5

# PRESENTANDO LA SUBASTA CISNE AL CLIENTE

***"El mejor guerrero es el hombre promedio, pero con un enfoque extraordinario".***

**Bruce Lee**

Nunca cruzarás el océano, a menos que tengas el coraje de perder de vista la orilla. Cuesta dejar atrás nuestra zona de confort, el refugio que creemos seguro e inexpugnable. El problema con el estatismo es que te impide crecer, arranca de raíz tus sueños. Quedarse quieto sin más es echar el ancla, impidiendo que el viento a favor te lleve tan lejos como desees. Es por eso que, tanto a mis alumnos como a aquellas personas que trabajan conmigo, siempre les insto a querer ir más allá, a no dejar que las dudas les limiten sus posibilidades de lograr sus objetivos por miedo a fracasar.

Uno de los mayores desafíos a los que nos enfrentamos los Asesores en Subastas Inmobiliarias (AS) son los miedos y las preocupaciones de nuestros clientes. Estos temores pueden ser especialmente agudos cuando se trata de propiedades con okupas.

Recuerdo particularmente a uno de mis últimos clientes, quien, al presentarle varias opciones de mi base de datos, me dijo de inmediato y con gran vehemencia: "Nada de okupas, no quiero ninguno que tenga okupas". Su aversión era palpable, y estaba claro que sus palabras venían del corazón. Había leído y escuchado muchas opiniones negativas sobre el tema, y el solo pensarlo le llenaba de una profunda inquietud.

Dado que ya había analizado cuidadosamente las subastas, comencé presentándole aquellas propiedades que no tenían okupas. Mi objetivo inicial era simple: quería que se familiarizara con la metodología que seguía para evaluar y seleccionar las subastas. Sabía que ganarme su confianza en este aspecto sería un paso crucial.

Después de haber firmado el acuerdo de honorarios, dediqué tiempo a explicarle detalladamente cada una de las subastas en cuestión. A medida que su comprensión y confianza en el proceso crecían, comencé a introducir gradualmente información sobre las categorías de ocupantes y los diferentes niveles de riesgo asociados a cada tipo. Le expliqué que no todos los ocupantes representan el mismo nivel de amenaza y que el riesgo puede gestionarse eficazmente con la estrategia adecuada.

Le mostré que el mayor riesgo en realidad surge de no tener una estrategia clara para obtener la posesión de la propiedad, más que del hecho de que haya personas per se. Hablamos extensamente sobre casos específicos, y le proporcioné ejemplos de situaciones en las que, después de dialogar con los ocupantes del bien, habíamos podido encontrar soluciones satisfactorias para todas las partes.

El proceso no fue fácil y requirió mucha paciencia y empatía. Tenía que asegurarme de que mi cliente no solo entendiera la información, sino que también se sintiera emocionalmente preparado para enfrentar estos desafíos. Al final, logré que comprendiera que, con una estrategia bien planificada y un enfoque proactivo, este riesgo podría ser mitigado.

Fue un momento revelador cuando finalmente aceptó considerar propiedades con ocupantes, reconociendo que había aprendido a ver más allá de sus miedos iniciales. Este cambio de perspectiva no solo le abrió nuevas oportunidades de inversión, sino que también le dio una mayor confianza en su capacidad para manejar situaciones complicadas. Su agradecimiento al final del proceso fue profundamente gratificante, y me recordó por qué amo mi trabajo: ayudar a las personas a enfrentar sus miedos y alcanzar sus objetivos inmobiliarios con éxito.

En definitiva, ese es el objetivo que debes tener siempre en mente para impulsar con energía tu carrera y lograr llegar al punto que desees: convertir las oportunidades en éxitos reales y tangibles. O lo que es lo mismo, transformando subastas oscuras en las preciadas Subastas Cisne para presentarlas a tus clientes.

A lo largo de este capítulo me voy a centrar en esa presentación, en cómo mostrarles a tus potenciales clientes la oportunidad que tienen delante y conseguir que la operación llegue a buen puerto, logrando un beneficio para todas las partes.

## Publicidad y comercialización: captando clientes para nuestras Subastas Cisne

Captar clientes es la piedra angular de cualquier negocio exitoso. Sin una base sólida de clientes, todo el conocimiento y las habilidades que has adquirido a lo largo de los años se quedan sin una aplicación real y significativa. En este sentido, la importancia de generar *leads* trasciende la mera supervivencia empresarial y se convierte en una cuestión de realización personal y profesional.

Cada cliente que consigues representa una oportunidad para aprender y crecer. Interactuar con ellos te permite entender mejor sus necesidades y expectativas, lo que a su vez te ayuda a refinar tus habilidades y a mejorar continuamente tu oferta. Este ciclo de retroalimentación es crucial para cualquier profesional que aspire a la excelencia.

Además, ver cómo las Subastas Cisne, que con tanto mimo y profesionalidad has analizado, benefician a otros y contribuyen a su éxito o bienestar, es profundamente gratificante. Te da una sensación de propósito y realización, sabiendo que tu trabajo tiene un impacto positivo en la vida de los demás. Pero también llevándonos más cerca de ese punto vital en el que queremos estar.

Y, para ello, nuestro objetivo ahora es claro y fundamental: generar *leads* para nuestras Subastas Cisnes. Contamos con propiedades minuciosamente analizadas, listas y al alcance de nuestro cliente ideal, esperando que puje y se las adjudique, lo que nos permitirá ganar nuestra merecida comisión.

A continuación, quiero compartir contigo los tres factores clave del éxito como Asesor en Subastas Inmobiliarias:

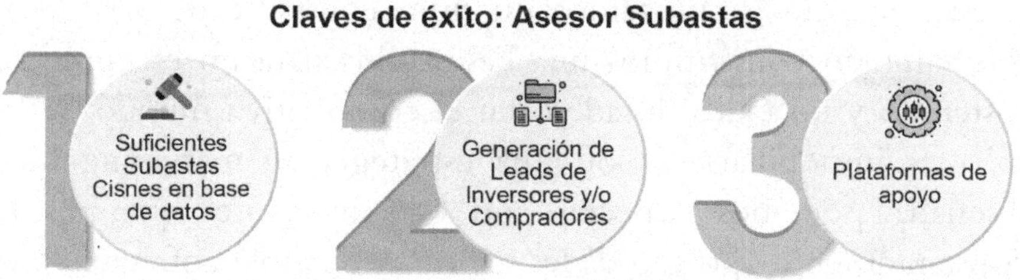


Para entender mejor la importancia de generar *leads*, planteemos el siguiente escenario:

Imagina que hay un inversor con su dinero en el banco, viendo cómo su poder adquisitivo se desvanece día a día debido a la inflación. Necesita invertir su dinero rápidamente para proteger y aumentar su patrimonio. ¿Podemos nosotros, los Asesores en Subastas, ayudarle? La respuesta es un rotundo SÍ. Podemos ofrecerle oportunidades de inversión que le proporcionen un buen rendimiento.

Sin embargo, el verdadero desafío es identificar **quién es y dónde está ese inversor.** Aquí es donde la generación de *leads* se vuelve fundamental. Necesitamos implementar una estrategia activa y sistemática para atraer y captar a estos inversores. Esto implica utilizar estrategias de marketing efectivas y realizar acciones directas que nos conecten con nuestro público objetivo.

Para alcanzar este nivel de éxito, es esencial contar con expertos en marketing digital. Si no somos especialistas en la materia, lo indicado es contratar los servicios de un profesional que nos ayude a definir y ejecutar una estrategia orientada a nuestro cliente ideal.

Así, no solo garantizamos un flujo constante de *leads*, sino que también construimos una base sólida para un crecimiento sostenido y un éxito duradero en el competitivo mundo de las subastas inmobiliarias. Con una estrategia de marketing bien diseñada, podemos conectar con esos inversores que buscan constantemente oportunidades seguras y rentables, ofreciéndoles la solución perfecta y transformando sus necesidades en nuestro éxito compartido.

Fíjate en el siguiente esquema. En él, se presentan opciones estratégicas de marketing digital eficaz para generar *leads*.

## *1. La Publicidad Digital Multicanal: Estrategia Integral y Desarrollo Personal*

En la era digital, la publicidad multicanal se ha consolidado como una estrategia fundamental para generar *leads* y alcanzar el éxito en cualquier sector, especialmente en el inmobiliario. Aprovechar el poder de diversas plataformas digitales no solo puede ampliar tu alcance, sino que también optimiza las oportunidades de conectar con tu cliente ideal.

**Google Ads:**

Google Ads es una herramienta poderosa que permite llegar a los usuarios que buscan activamente inversiones inmobiliarias. La capacidad de segmentar audiencias específicas significa que nuestros anuncios son vistos por personas que ya tienen un interés en el sector, aumentando significativamente las posibilidades de conversión.

**YouTube Ads:**

YouTube Ads se ha posicionado como uno de los mejores canales publicitarios del momento. Con una tendencia creciente en búsquedas relacionadas con el sector inmobiliario, la publicidad enYouTube ofrece una oportunidad única para captar la atención de potenciales clientes a través de contenido audiovisual.

Los anuncios en video no solo son visualmente atractivos, sino que también permiten una comunicación más profunda y emocional con la audiencia. Presentar contenido de subastas y proyectos inmobiliarios mediante videos ayuda a destacar características y beneficios de manera más efectiva, creando una conexión más fuerte y duradera con los espectadores.

**Instagram y TikTok Ads:**

Instagram y TikTok han revolucionado la forma en que las marcas se conectan con sus audiencias. Estas plataformas son especialmente efectivas para llegar a públicos más diversificados. La inversión en publicidad en estas redes sociales complementa perfectamente nuestras campañas en Google y YouTube, permitiéndonos utilizar formatos creativos y visualmente impactantes que captan rápidamente la atención del usuario.

### *2. El Posicionamiento SEO y el SEO Local*

Puede dar un poco de pereza intentar comprender los entresijos del SEO, ya que su condición cambiante y poco intuitiva suele resultar un tanto confusa. Con todo, sus fundamentos son sencillos y a poco que los apliquemos podemos lograr grandes resultados.

Hoy en día, el posicionamiento SEO y el SEO local son fundamentales para lograr una visibilidad efectiva en buscadores y aplicaciones móviles. Este proceso no solo es crucial para atraer tráfico orgánico, sino que también es una herramienta poderosa para el crecimiento personal y profesional.

Pero, ¿qué es el SEO? Pues el SEO (Search Engine Optimization) es un conjunto de estrategias y prácticas diseñadas para mejorar la visibilidad de tu sitio web en los motores de búsqueda como Google. El objetivo principal del SEO es aumentar el tráfico orgánico, es decir, visitantes que llegan a tu sitio web a través de resultados de búsqueda no pagados. Esto se logra a través de una combinación de técnicas, incluyendo la optimización de palabras clave, la creación de contenido de calidad, y la mejora de la estructura y el rendimiento del sitio web.

Bien, y, ¿qué es el SEO local? Este, por su parte, se enfoca en optimizar la presencia en línea de tu negocio para atraer tráfico local. Esto es particularmente importante para negocios físicos que dependen de clientes locales. El SEO local no solo aumenta el tráfico hacia tu negocio, sino que también mejora la visibilidad en aplicaciones como Google Maps y fortalece el reconocimiento de tu marca a nivel local.

Las acciones que te recomiendo para potenciar el SEO local son:

**Optimizar tu Perfil de Empresa o marca personal en Google:** completa toda la información requerida, incluyendo dirección, horario de atención, y datos de contacto. Añade fotos y videos de ti o tu negocio para hacerlo más atractivo.

**Encontrar Palabras Claves Locales:** utiliza herramientas de investigación de palabras claves, para identificar términos que tus potenciales clientes locales estén buscando. Incorpora estas palabras clave en tu contenido, descripciones de productos y servicios de tu sitio web.

**Crear contenidos relevantes a nivel local:** publica artículos en blogs que aborden temas de interés para la comunidad local. Organiza y promociona eventos locales a través de tu sitio web y redes sociales. Colabora con otros negocios locales para aumentar la visibilidad y crear una red de apoyo mutuo.

El posicionamiento SEO y el SEO local son esenciales para cualquier negocio que quiera prosperar en el entorno digital actual. Implementar estas estrategias no solo mejorará la visibilidad y el tráfico de tu sitio web, sino que también te ofrecerá valiosas oportunidades de crecimiento profesional y personal.

### *3. Página Web: landing de ventas*

No te descubro América si te digo que contar con una página web optimizada y efectiva es fundamental para fortalecer la imagen de tu marca y de tu negocio. Y es que una web no es solo una herramienta de marketing, sino una plataforma para atraer y retener clientes, proporcionando una experiencia de usuario que fomente la confianza en ti y la conversión de potencial cliente a cliente directo.

Eso sí, tu página web debe reflejar la esencia de tu marca, transmitiendo tus valores, misión y visión de manera clara y atractiva. Utiliza un diseño coherente con tu identidad visual, incluyendo logotipos, colores y tipografías que representen tu marca.

También es muy importante que la página esté diseñada pensando en las necesidades y deseos de tus usuarios. La navegación debe ser intuitiva, permitiendo a los visitantes encontrar fácilmente la información que buscan. Incluye llamadas a la acción claras y efectivas, formularios sencillos de completar y opciones de contacto accesibles para resolver cualquier duda que pueda surgir.

### 4. *Asesoría en Marketing Digital: la necesidad de asesoría especializada*

Tienes una misión, que es por lo que estás leyendo este libro que he escrito para ti. Esa misión es convertirte en experto en subastas inmobiliarias. Ahora bien, cuando se trata de marketing digital, es fundamental reconocer las limitaciones y buscar la asesoría especializada que pueda guiarte hacia el éxito. Contratar a profesionales en marketing digital no solo optimiza tu estrategia, sino que también te permite concentrarte en lo que realmente haces bien: gestionar subastas inmobiliarias.

Una gestión efectiva de las Subastas Cisne y una sólida generación de *leads* pueden llevar tu negocio a niveles de crecimiento que, en algún momento, podrían superar tus capacidades. Pero esto no es un problema, al contrario, se trata de un indicador claro de que es el momento perfecto para explorar y utilizar las plataformas de soporte.

Las plataformas de soporte ofrecen más que la simple opción de contratar personal adicional. Estas plataformas te permiten externalizar ciertas tareas y servicios, lo que respalda tu actividad principal. Al delegar las actividades que no son tu fuerte a empresas externas especializadas, puedes enfocarte en las tareas que realmente generan beneficios.

Una herramienta útil en este contexto es el Principio de Pareto, también conocido como la regla del 80/20. Este principio nos dice que el 20 % de nuestras acciones producen el 80 % de los resultados. Al aplicarlo a tu negocio, te ayuda a poner el foco en los clientes, productos y servicios que realmente aportan valor y generan la mayor parte de los ingresos. Eso quiere decir que:

- El 80 % de tus ganancias provienen del 20 % de los clientes.
- El 80 % de tus ventas derivan del 20 % de los productos y/o servicios que ofreces.

De esta manera, lo mejor es poner el foco solo en los clientes, productos y servicios que te proporcionan los mejores resultados, y eliminar o delegar el resto. Esto te ayudará a liberar hasta un 80 % de tu tiempo, con la posibilidad de dedicarlo a mejorar lo que realmente funciona.

**Claves de éxito: Asesor Subasta**

## Cálculo del Retorno Operativo de la Inversión (ROI)

Como te decía al principio de este capítulo, es importante soltar amarras, salir de la zona de confort y, por qué no decirlo claramente, arriesgar. Hacerlo te pondrá ante retos y situaciones que te servirán para crecer y alcanzar antes tus objetivos. No obstante, esto no es incompatible con comprender que cada esfuerzo debe tener una recompensa.

En ese sentido, el Retorno Operativo de la Inversión (ROI) es una métrica esencial, que mide la rentabilidad de una inversión, ayudando a tomar decisiones estratégicas. Un alto ROI indica que la inversión genera beneficios significativos en comparación con su coste.

Es fundamental mostrarle al cliente las posibles ganancias que podría obtener al participar en una subasta. Conocer las expectativas del cliente en cuanto a la rentabilidad mínima deseada es crucial para determinar la puja máxima que garantice esa rentabilidad.

Para maximizar su éxito en este proceso, es importante comprender a fondo cada componente del cálculo del Retorno Operativo de la Inversión (ROI). Así que no se hable más, vamos a ver cuáles son los gastos e impuestos más relevantes que deben considerarse para calcular la rentabilidad de una inversión en subastas:

| SUB-JA-2024-XXXXX<br>Carrer Nàpols, xx, Badalona, Barcelona | | | | |
|---|---|---|---|---|
| VALOR DE LA SUBASTA (VS) | 200.000 | | | |
| PUJAS | 80% | 70% | 60% | 50% |
| PUJA MÁXIMA | 160.000 | 140.000 | 120.000 | 100.000 |
| ITP (el mayor: VRC o VA*) | 16.000 | 14.000 | 12.000 | 10.000 |
| Gastos de Registro | 1.520 | 1.330 | 1.140 | 950 |
| Impuesto de Bienes Inmueble (IBI) | 2.000 | 2.000 | 2.000 | 2.000 |
| Comunidad Propietarios | 4.000 | 4.000 | 4.000 | 4.000 |
| Seguridad: alarma, puerta seguridad | 1.000 | 1.000 | 1.000 | 1.000 |
| Suministros: agua, luz (1año) | 1.200 | 1.200 | 1.200 | 1.200 |
| Reforma o lavado de cara | 5.000 | 5.000 | 5.000 | 5.000 |
| Imprevistos | 2.000 | 2.000 | 2.000 | 2.000 |
| Total | 192.720 | 170.530 | 148.340 | 126.150 |
| PVP | 230.000 | 230.000 | 230.000 | 230.000 |
| Impuesto Plusvalía Municipal | 2.000 | 2.000 | 2.000 | 2.000 |
| Comisión Asesor Subastas (5% s/VS) | 8.000 | 7.000 | 6.000 | 5.000 |
| Beneficio | 27.280 | 50.470 | 73660 | 96850 |
| ROI en % | 13 | 28 | 47 | 73 |

*VRC: Valor referencial

*VA: Valor adjudicación

Para que tú mismo puedas hacer las simulaciones que desees, te comparto este documento (Sherlock) como plantilla en el siguiente enlace:

https://esc.anea.me/az_30

### 1. *El Valor de Subasta (VS)*

Todo comienza con el Valor de Subasta (VS), ese número mágico que aparece en la publicación del BOE y en la Certificación de Cargas. Este VS es el resultado de una tasación al inmueble que hizo el Banco en el pasado al momento de otorgar la hipoteca, pero que no tiene nada que ver con su valor actual de mercado (VM). Este VS lo encontramos en la Certificación de Cargas, normalmente en el mismo párrafo donde se describen las condiciones de la hipoteca.

### 2. *Fiscalidad en las Subastas Judiciales*

Vamos a desglosar los impuestos y gastos mínimos que necesitas considerar, para calcular efectivamente el resultado operativo de la inversión (ROI):

Los impuestos que debes conocer son:

A. Impuesto de Transmisiones Patrimoniales (ITP)

B. Impuesto al Valor Añadido (IVA) y Actos Jurídicos Documentados (AJD)

C. Impuesto de Plusvalía Municipal

D. Impuesto de Bienes Inmuebles (IBI)

E. Gastos de Registro

F. Deuda con la Comunidad de Propietarios

**A. Impuesto de Transmisiones Patrimoniales (ITP)**

El ITP es como un viejo amigo que aparece siempre que compras una vivienda de segunda mano. Es un impuesto estatal, gestionado por las Comunidades Autónomas, con tarifas que varían entre el 4 % y el 10 %. Conocer las regulaciones específicas de cada comunidad te permite aprovechar condiciones especiales, lo que puede ser una gran ventaja y ahorro fiscal.

Desde enero de 2022, el Valor de Referencia del Catastro (VRC) se usa para calcular el ITP. Si crees que el VRC no refleja la realidad del mercado, puedes reclamarlo.

### B. Impuesto al Valor Añadido (IVA) y Actos Jurídicos Documentados (AJD)

El IVA del 10 % se aplica a la compra de viviendas nuevas, y el 21 % a locales comerciales y otros inmuebles específicos. El AJD, un impuesto autonómico, se aplica a documentos notariales sujetos al IVA. Conocer estas tarifas en cada Comunidad Autónoma y sus regulaciones te ayuda a planificar mejor tus inversiones.

### C. Impuesto de Plusvalía Municipal

El impuesto de plusvalía grava el incremento del valor de los terrenos urbanos durante su propiedad. Este impuesto municipal varía según el municipio, y es esencial calcularlo para poder considerarlo en el cálculo del ROI. Existen en internet tablas automáticas que ayudan a este cálculo.

### D. Impuesto de Bienes Inmuebles (IBI)

El IBI grava la propiedad de bienes inmuebles y se calcula en base al valor catastral y el tipo de gravamen aplicable. Pagar al ayuntamiento la deuda de IBI antes de vender el inmueble adjudicado es necesario para poder protocolizar en la Notaría la venta.

¿Cómo funciona el IBI en las subastas?

EL IBI por tener un rango registral de HIPOTECA LEGAL TÁCITA es un impuesto que tiene prioridad de cobro ante todo los acreedores, o sea cobra primero incluso que el demandante.

Por lo tanto, si el ayuntamiento correspondiente los reclama, el Juzgado tendrá que pagar los recibos pendientes del año en curso y del año anterior.

Lamentablemente este reclamo lo hacen algunos ayuntamientos y otros no, depende de lo eficientes que sean, en su mayoría no lo exigen más que nada porque saben que al final los tendría que pagar el adjudicatario o ganador de la subasta. Y el pago tendría que ser de toda la deuda acumulada, pero será necesario que el ayuntamiento "DERIVE" esta deuda al nuevo propietario.

Y cual es la estrategia a seguir en estos casos

Pues eso depende de, para que esta destinada la vivienda:

1. Si el propósito es conservarlo como patrimonio para disfrutarla o explotarla en rentabilidad, lo mejor es no hacer nada, esperar a que deriven la deuda y si consideramos la ineficiencias de los ayuntamiento en esta materia, podrían dejar prescribir estos IBIs y al final solo tendrías que pagar lo que te corresponde anualmente como nuevo propietario.

2. Pero si se ha adquirido para obtener un beneficio con su venta?

En este caso lo más seguro es que tengas que pagar para poder firmar, a menos que llegues a algún acuerdo con el comprador y este acuerdo lo incluyas en la escritura pública.

Este acuerdo debe consistir en esperar a que Hacienda derive la deuda al actual propietario, con la condición de que tú asumirás la responsabilidad y aquí pueden pasar muchos años.

En este último caso, la ley de Hacienda establece que sólo habrá de pagarse el principal de la deuda, nada por intereses de mora.

## E. Gastos de Registro

Los gastos de registro, regulados por el Real Decreto 1427/1989, se calculan sobre el valor de adjudicación de la subasta. Para la inscripción en el registro de la propiedad, se requieren varios documentos, incluyendo el decreto de adjudicación y el mandamiento de cancelación de cargas posteriores.

Por la inscripción, anotación o cancelación de cada finca o derecho, se pagarán las cantidades que fija la siguiente escala:

- Si el valor de la finca o derecho no excede de 6.010,12 €, 24,04 €.
- Por el exceso comprendido entre 6.010,13 y 30.050,61 €, 1,75 por 1.000.
- Por el exceso comprendido entre 30.050,62 y 60.101,21 euros, 1,25 por 1.000.
- Por el exceso comprendido entre 60.101,22 y 150.253,03 euros, 0,75 por 1.000.

- Por el exceso comprendido entre 150.253,04 y 601.012,10 €, 0,30 por 1.000.

- Por el valor que exceda de 601.012,10 €, 0,20 por 1.000.

Pero en todos los casos, la ley contempla un máximo de pago de 2.181,67 € y, como mencionado arriba, un mínimo de 24,04 €.

Para la inscripción en el registro de la propiedad, se requerirán varios documentos:

- El decreto de adjudicación.

- El Mandamiento de Cancelación de Cargas Posteriores (la entrega el juzgado al adjudicatario).

- Notificación al Ayuntamiento correspondiente sobre el cambio de Titularidad para efectos de la exención del impuesto de plusvalía.

## F. Deuda con la Comunidad de Propietarios

Estas deudas igual que las del IBI, es una hipoteca legal tácita, o sea que tendrían prioridad de cobro al momento que gestionarlo la comunidad con el Juzgado correspondiente.

Las deudas anteriores con la comunidad de propietarios deben ser asumidas por el adjudicatario. Se deberá revisar las regulaciones de cada Comunidad Autónoma para hacer el pago correctamente.

Por ejemplo, en el caso del régimen de propiedad horizontal en Cataluña, se deberá pagar los tres años inmediatamente anteriores y el año en curso.

## Valoración del inmueble en subasta

A estas alturas, tú y yo, como Agentes de la Propiedad Inmobiliaria (APIs), hemos acumulado valiosa experiencia en la valoración de bienes inmuebles a lo largo de nuestra trayectoria profesional.

Reconocemos la importancia de una valoración precisa, especialmente cuando se trata de calcular el Retorno de la Inversión (ROI) para nuestros clientes. La rentabilidad esperada en una inversión inmobiliaria se basa en gran medida en el Valor Real del inmueble al final del proceso.

Aun así, en este apartado me gustaría destacar algunos aspectos relevantes al evaluar un bien proveniente de una subasta.

Para empezar, está la **Diferencia entre Valor de Subasta y Valor Actual de Mercado.** Es común que nuestros clientes confundan el Valor de Subasta (VS) con el Valor Actual de Mercado (VM).

El VS, determinado en el pasado por el banco al otorgar la hipoteca, no refleja necesariamente el valor actual del inmueble. Es especialmente notable en hipotecas otorgadas durante el auge y posterior crisis inmobiliaria en España. Por lo tanto, el VS no puede ser considerado como referencia para nuestro cálculo del VM.

Otro factor a considerar es la **condición del Inmueble.** La situación del inmueble puede ser un factor determinante en su valoración. Si encontramos evidencia de ocupación ilegal, impago de alquileres o abandono, es importante considerar el costo de restauración o renovación. Esto puede implicar una reducción significativa del valor del inmueble, estimada entre un 10 % y un 20 %.

Por último, está la **duración del proceso.** En las subastas judiciales, el tiempo de conversión del dinero invertido es considerablemente mayor, con un promedio de 4 a 8 meses para obtener el Decreto de Adjudicación.

Este plazo está sujeto a la eficiencia del Juzgado responsable de tramitar el procedimiento judicial. Aunque este tiempo no suele incluirse en el cálculo del ROI, es importante ajustar, si el mercado lo permite, el precio de venta.

En definitiva, es esencial comprender la discrepancia entre el VS y el VM, evaluar la condición actual del inmueble y tener en cuenta el tiempo que puede tardar el proceso judicial. Solo así podremos ofrecer a nuestros clientes una estimación precisa y realista del valor de su inversión.

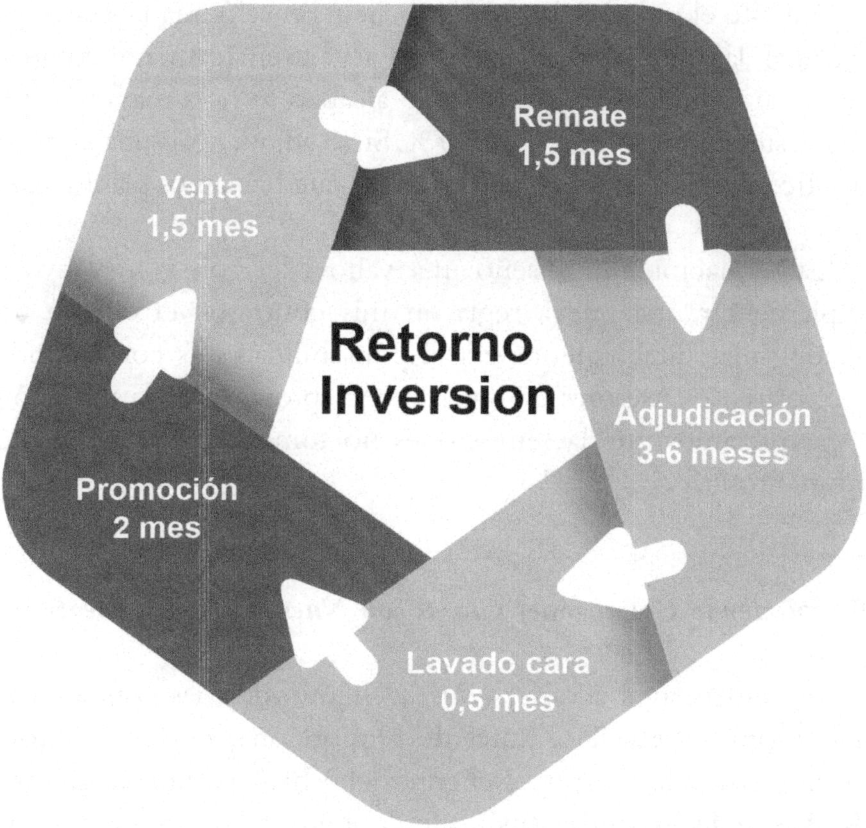


## Acuerdos con el cliente: contratos y documentación

Déjame contarte una historia real que me pasó con un cliente. Un día, firmamos un contrato de exclusiva para participar en una subasta. Le presenté los cálculos del Retorno de la Inversión (ROI) y juntos establecimos una puja máxima para garantizar la rentabilidad y acordamos que él haría las pujas directamente en el Portal.

Durante el proceso de pujas, mi cliente reveló una faceta de su personalidad que no conocía: se volvió extremadamente competitivo. Tan competitivo que no solo alcanzó su puja máxima, sino que la superó en al menos un 40 %. Sí, se adjudicó la subasta, pero sacrificó en gran monto la rentabilidad que habíamos planificado.

Esta situación me enseñó una valiosa lección y me llevó a implementar una nueva regla en mis contratos: el cliente no puede pujar directamente, esa responsabilidad nos corresponde a nosotros, los Asesores en Subastas. Así, protegemos la inversión y garantizamos que las emociones no tomen el control en un momento crítico.

### *Estableciendo Condiciones Claras con Nuestro Cliente Ideal*

Es fundamental acordar con tu cliente ideal las condiciones que regirán el servicio. Antes de proporcionar cualquier información sobre la subasta, el cliente debe firmar **"Un Contrato de Asesoría en Subastas"** que contemple las siguientes condiciones:

### 1. Contrato de Exclusiva

El cliente se compromete a un contrato de exclusiva por un mínimo de un año. Durante este periodo, el cliente no participará en ninguna subasta por su cuenta ni en nombre propio, de terceros, de su cónyuge o pareja, hijos, parientes, ni de sociedades mercantiles en las que él y/o su familia posean alguna participación o sean administradores.

En caso de hacerlo, deberán abonar los honorarios igualmente. Con la exclusiva firmada por el cliente y, si es posible, por su pareja, podemos compartir información clave de la subasta.

## 2. Poder Notarial

El cliente debe otorgar un poder notarial que te permita representarlo en las subastas. Es preferible hacerlo genérico para que sea válido para cualquier subasta, lo cual también resulta más económico que hacerlo específico.

Si el cliente se adjudica la subasta sin haber hecho el poder notarial, debe comunicarlo al notario para que incluya en el poder que las actuaciones anteriores referidas a la subasta sean debidamente consideradas.

## 3. Fianza y Pujas

Para la fianza, el cliente deberá proporcionar unos días antes de la subasta la cuenta bancaria donde desea que se haga el cargo por el depósito. De esta manera, el Juzgado o Portal podrá hacer el cargo respectivo del depósito y nosotros pujar en nombre del cliente.

Se pujará hasta el tope acordado en el contrato, para lograr la adjudicación del bien.

Si no se adjudica el bien, la fianza será reembolsada el mismo día de finalizada la subasta o, como máximo, al día siguiente y a la misma cuenta que se usó para hacerse el depósito.

## 4. Honorarios

El contrato debe especificar el porcentaje de honorarios, que suele variar entre el 3 % y el 6 % del valor de adjudicación, dependiendo de la dificultad de la subasta. También se incluirá cuándo debe efectuarse el pago de los honorarios, que normalmente es al emitirse el Documento de Adjudicación de Remate. Dado que el asesor de subastas ha trabajado creando la Subasta Cisne, los honorarios pueden ser cobrados el día de la finalización de la subasta, para el caso de que haya habido adjudicación.

## 5. Detalle de Servicios

El contrato deberá detallar los servicios que se prestarán durante todo el proceso. Es importante establecer límites y enumerar también los servicios adicionales que pudieran prestarse, así como sus costos adicionales.

### *Dejando la orilla atrás y avanzando hacia tus objetivos*

Como ves, este libro no solo trata de negocios, sino de cómo aprender y crecer a través de nuestras experiencias.

Cada subasta es una oportunidad no solo para ganar dinero, sino también para desarrollar habilidades como la paciencia, la planificación y el control emocional. Al establecer reglas claras y asumir la responsabilidad de las pujas, nos aseguramos de que las inversiones que ofrecemos a nuestros clientes sean rentables y de que el proceso sea una experiencia enriquecedora para todos los involucrados.

Y ahora sí. Después de todo este aprendizaje, dejamos la orilla atrás, a nuestras espaldas, con el viento impulsando las velas, dispuestos a cruzar el océano, a alcanzar nuestros objetivos.

Hemos analizado la Subasta Cisne desde todos los ángulos, ahora, es el momento de presentarla al mundo, a los inversores potenciales y, sobre todo, a nuestro cliente ideal.

Recuerda que captar la atención de potenciales clientes es tu máxima prioridad. Para lograrlo, utiliza herramientas poderosas de **marketing digital** y acciones directas que te permitirán convertir *leads* en clientes adjudicatarios de subastas inmobiliarias.

Para ello, ten en cuenta el **cálculo del Resultado Operativo de la Inversión (ROI),** pues este valor te dirá la verdad: si es rentable o no, y cuánto realmente se ganará con la inversión. Cuanto más preciso sea este cálculo, más cerca estarás de la rentabilidad real. Debes incluir todos los impuestos y gastos inherentes para obtener una visión clara y honesta de la inversión.

Además, ten presente que una **valoración real del inmueble** es fundamental para calcular adecuadamente el retorno de la inversión. Esta valoración debe basarse en los valores reales de venta de inmuebles similares en la zona. Las valoraciones de los portales inmobiliarios son solo orientativas, por lo que es necesario disponer de datos precisos y ajustados al inmueble que estás analizando.

Finalmente, los acuerdos con el cliente deben estar por escrito y debidamente firmados por ambas partes. Estos acuerdos deben incluir todas las condiciones que regirán el proceso de subastas, los honorarios y los servicios que se prestarán. La claridad en estos acuerdos es esencial para construir una relación de confianza y asegurar que todas las partes están alineadas en sus expectativas y responsabilidades.

Te animo a que abraces este camino con valentía y determinación. Prepárate meticulosamente, actúa con confianza y mantén siempre una visión clara de tus objetivos. Cada paso que des te acercará más a tus sueños y, sobre todo, te convertirá en una versión más fuerte y sabia de ti mismo. La próxima subasta puede ser el comienzo de un nuevo y emocionante capítulo en tu vida.

Capítulo 6

# PARTICIPACIÓN Y ADJUDICACIÓN

*"Todo el arte de la guerra se basa en el engaño".*
**Sun Tzu**

Existe algo romántico en la idea de enfrentarse contra las adversidades que, a menudo, nos sobrevienen como un enorme tsunami. Un sentimiento de gloria, de poder contar que lo hicimos, de gritar que lo conseguimos, vencimos. Todo en términos de conflicto: lucha, rendirse, ser derrotados o victoria. Y, claro, a todos nos encantan las historias de superación, esas que nos motivan, que nos transmiten la idea de que nosotros también podemos lograrlo. El problema es que la realidad difiere mucho de lo que suele contarse en esas historias y, aunque hay gente que a base de cabezazos logra salir del barro, lo habitual es que el éxito venga de la mano de la reflexión, el enfoque, la estrategia y la motivación.

Es por eso que quiero empezar este capítulo haciendo mención a *El arte de la guerra* del escritor chino Sun Tzu. Un libro, a priori, basado en estrategias militares pero con unos principios muy potentes aplicables a diversos aspectos de la vida. Por ejemplo: a los negocios, el liderazgo, el autoconocimiento, las relaciones personales, y, cómo no, al mundo de las subastas.

Verás, el proceso de subastas inmobiliarias está basado en un conjunto de reglas, principios y leyes que, cuando son interiorizados y utilizados siguiendo una estrategia clara, garantizan altas probabilidades de éxito.

Sin embargo, para lograr llevar a buen puerto este proceso es necesario ser sutil, astuto y hábil. En la cita célebre que encabeza este capítulo, Sun Tzu habla de engañar. En nuestro caso yo no iría tan lejos, pero sí creo que es vital no mostrar todos los naipes antes de tiempo. Es decir, esconde sus verdaderas intenciones y capacidades ante los ojos de los postores.

Sigue la idea más transformadora de la obra de Sun Tzu: derrota a tus enemigos, sean adversidades u oponentes, usando la cabeza para pensar y no para golpear. La inteligencia y la anticipación son los pilares sobre los que se asienta el éxito. Y eso sirve para cualquier etapa del proceso de la subasta, especialmente al final, cuando vamos a participar.

Ya hemos identificado las oportunidades, creado y presentado la Subasta Cisne. Ahora es el momento de pujar y asegurarnos de que nuestro cliente logre la inversión deseada. Este es el instante en el que todo el esfuerzo y la estrategia se materializan. Aquí, en este proceso de participación y adjudicación, es donde transformas tu trabajo en resultados tangibles, en beneficios reales para tu cliente. Cada operación que culmina con éxito no es solo una meta alcanzada, sino el comienzo de muchas más. Es la chispa que enciende una cadena de éxitos, donde cada transacción cerrada abre puertas a nuevas oportunidades.

Un cliente satisfecho no es solo un cliente, es un embajador de tu trabajo. Con cada experiencia ganada afinarás las estrategias, el proceso se volverá más ágil, más preciso y más poderoso. Y cuando unas fuerzas con otros Asesores en Subastas Inmobiliarias (ASIS), podrás multiplicar el alcance para llevar este extraordinario producto a manos de muchos más clientes potenciales.

Este es el momento de creer en lo que has construido, de confiar en tu capacidad para transformar oportunidades en éxitos, de saber que cada paso dado te acerca al lugar donde quieres estar en la vida. Más allá del horizonte. Más allá de las creencias limitantes. Atrayendo abundancia y energía a tu corazón y dando sentido a tu existencia. Estás aquí para hacer que las cosas sucedan, para convertir cada subasta en una historia de éxito. Esta es tu vida, y para hacerla brillar, debes moverte ya, dar el primer paso, anticiparte a las adversidades y vibrar en la frecuencia de la victoria. Porque, como decía Sun Tzu, quien sabe resolver las dificultades, las resuelve antes de que surjan.

## El proceso de las subastas electrónicas

Una manera muy efectiva de anticiparse a las adversidades, que suelen aparecer de la nada y caer como un aguacero sin dejar mucho tiempo a resguardarnos, es conocer las características del tablero en el que nos ha tocado jugar. Desde el ajedrez hasta cualquier otro juego estratégico, el conflicto solo puede superarse actuando antes de que los problemas surjan y se amontonen. Poniendo en marcha los engranajes del cerebro y algunos hilos del corazón, pero dejando de lado la lucha directa y los músculos. O lo que es lo mismo: actuando con premeditación.

Pues bien, para conocer mejor esta etapa final del proceso debemos empezar por las subastas electrónicas. Estas han revolucionado la forma en que se adquieren bienes a través de procedimientos legales. Con la implementación de las subastas *online*, el proceso se ha vuelto más accesible, transparente y eficiente, permitiendo que cualquier persona interesada pueda participar desde cualquier lugar con acceso a internet. Para entender cómo funcionan estas subastas y cómo podemos participar de manera efectiva, es fundamental conocer la normativa que las regula y el proceso que sigue desde su anuncio hasta su adjudicación.

Las subastas electrónicas en España están reguladas por la Ley de Enjuiciamiento Civil (LEC) desde octubre de 2015. Los artículos que van desde el 640 hasta el 680 de esta ley son los que establecen el marco legal para el procedimiento de apremio, que es el proceso mediante el cual se ejecutan las subastas de bienes.

Una subasta electrónica se anuncia en el Boletín Oficial del Estado (BOE), el cual actúa como el portal oficial donde se publican todas las subastas judiciales. Este anuncio marca el inicio del proceso y es accesible a cualquier persona interesada. La subasta estará abierta durante un periodo de 20 días. Sin embargo, se extiende por un día adicional si hay pujas en los últimos momentos del plazo, lo que significa que el proceso puede durar hasta 21 días en total.

El proceso es sencillo: la subasta se abre a partir de las 24 horas siguientes a la publicación del anuncio en el BOE. Este anuncio no solo indica que la subasta está en curso, sino que proporciona información esencial para los participantes. Incluye la fecha del boletín en que se publicó, la oficina judicial que gestiona la ejecución de la subasta, el número de identificación único de la subasta, la clase de subasta (ya sea judicial, notarial, tributaria, etc.), y la dirección electrónica de la unidad gestora responsable.

Si lo deseas, puedes ir al Portal del BOE para verlo con más tranquilidad.

Los pasos principales del proceso de subastas electrónicas se podrían resumir de la siguiente manera:

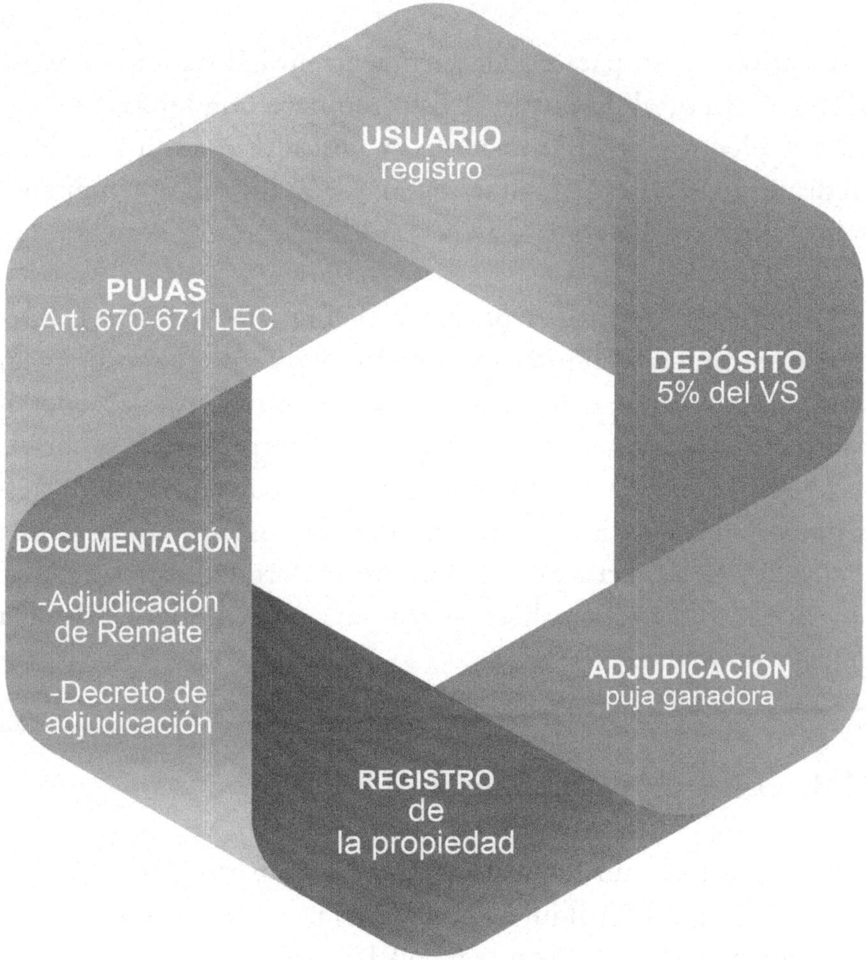

## Creación de un usuario en el Portal de Subastas

Participar en subastas electrónicas puede parecer complejo al principio, pero con la información adecuada el proceso se vuelve accesible y emocionante.

El primer paso para poder participar en una subasta es registrarte en el Portal de Subastas. Esto requiere que tengas un certificado electrónico reconocido o cualificado, que te identifique mediante tu DNI o NIE. Si no cuentas con uno, también puedes usar el sistema Cl@ve, ya sea Cl@ve PIN o Cl@ve Permanente.

Durante el registro, el portal te pedirá que ingreses tu correo electrónico **y** número de teléfono, que se convertirán en tu usuario. Además, establecemos una contraseña para acceder al portal en futuras ocasiones. Es importante recordar que el correo y el teléfono deben ser únicos: no podrás usar el mismo correo o número para registrar a varios usuarios. Si representas a una sociedad y deseas actuar en su nombre, el Portal te dará la opción de hacerlo. Cuando realices la primera puja, podrás indicar a quién representas.

## El depósito, un paso esencial

El depósito es un requisito esencial para participar en las subastas judiciales o cualquier otra. Generalmente, equivale al 5 % del valor de la subasta (con la nueva Ley aprobada en abril 2025, este depósito aumenta al 20 %). Este depósito puede realizarse en cualquier momento durante los 20 días de pujas. Si es tu primera vez, te recomiendo hacerlo con al menos un día de antelación para asegurarte de que todo esté en orden antes de comenzar a pujar.

Es importante que efectúes el depósito exclusivamente a través del portal de subastas. Asegúrate de usar una cuenta bancaria donde seas titular o autorizado, ya que las cuentas que requieren la firma de varios titulares no son aceptadas en el Portal.

Si no resultas ser el postor ganador y no has solicitado una reserva de postura, tu depósito te será devuelto una vez finalice el período de pujas. En caso de que sí hayas solicitado una reserva de postura, el depósito se devolverá una vez que la subasta sea adjudicada y concluida por la Autoridad Gestora. En situaciones donde la subasta es suspendida por la Autoridad Gestora, los depósitos se retendrán hasta que la subasta se reanude.

Cuando participes en una subasta y realices tu primera puja, el Portal te preguntará si lo haces en nombre propio, en régimen de gananciales o en representación de un tercero. Todas las pujas siguientes se harán bajo las mismas condiciones que indicaste en la primera.

En las subastas judiciales por apremio y en las notariales extrajudiciales, los acreedores y sus representantes solo podrán pujar si ya existe una puja previa. Recuerda que un usuario solo puede participar en una subasta (o lote) de una de las formas posibles. No podrás, por ejemplo, participar en una subasta simultáneamente de manera personal y como representante de un tercero.

## Conociendo las reglas de las Pujas

Como ya sabes, las pujas en las subastas electrónicas se realizan a través del Portal de Subastas. Cada vez que envías una postura, el portal la recibe telemáticamente y te envía un acuse de recibo técnico, asegurándose que tu puja ha sido registrada correctamente.

Uno de los aspectos más importantes que debes decidir al pujar es si deseas dejar tu postura en reserva. Esto significa que, en caso de que el postor ganador no pueda completar la compra, estarás en la lista de postores a quienes se podría adjudicar el bien por el monto de tu última puja. Esta opción te ofrece una segunda oportunidad de ganar, incluso si no has resultado ser el primero en la lista.

Pero, ¿cuánto duran las subastas electrónicas? Verás, las subastas se publican en el portal durante 20 días naturales. En este período puedes hacer tus pujas hasta las 18:00 del último día. Sin embargo, si las pujas continúan después de esa hora, el período de subasta se extenderá en incrementos de 1 hora desde la última puja y podría prolongarse hasta el día siguiente a las 18:00, cuando se cerrará definitivamente. Esto significa que, en algunos casos, la subasta podría durar hasta 21 días, dando oportunidad a que las ofertas finales se hagan de manera estratégica.

Aun así, existen situaciones en las que una subasta puede ser suspendida temporalmente. Una de las razones comunes es la declaración de un Concurso de Acreedores, donde el deudor está involucrado. Si la suspensión supera los 15 días, las fianzas depositadas se devolverán a los postores. Esta medida protege tu inversión en caso de que el proceso judicial de la subasta se vea afectado.

Una vez que la subasta termine, el Letrado de la Administración de Justicia procederá a declarar al mejor postor y la postura formulada. En este momento se devolverán todas las fianzas consignadas, excepto la del mejor postor, que se retendrá como garantía de que cumplirá con su obligación de pago y se aplicará al precio final de adjudicación. Las fianzas de aquellos que dejaron su postura en reserva tampoco se devolverán, ya que podrían ser considerados para adjudicarles el bien si el primer postor no cumple.

Aunque todo esto puede abrumar un poco, la realidad es que es más sencillo de lo que parece. ¿Recuerdas lo que comentaba al principio sobre conocer las características del tablero? Pues eso mismo es lo que vamos a hacer con las pujas. De esta manera, al descubrir y descifrar sus reglas, podrás sacarle provecho a cada situación.

Los artículos 670 y 671 de la Ley de Enjuiciamiento Civil (LEC) establecen las reglas para la aprobación del remate, el pago y la adjudicación de los bienes. Comprender estas reglas es esencial para participar en una subasta de manera informada y efectiva. Si dominas estas reglas, ¡dominarás todo el proceso de las subastas!

Porque sí, no te voy a engañar, el proceso de pujar en una subasta electrónica tiene sus desafíos, pero con el conocimiento adecuado puedes navegarlo con confianza. Entender cómo funcionan las pujas, la importancia de la postura en reserva, y las reglas clave de la LEC, te permitirá participar de manera efectiva y aumentar tus posibilidades de éxito.

## Regulación de las Pujas: artículos 670 y 671

El objetivo de este apartado es que entiendas los principios bajo los que se fundamentan La Ley Orgánica 1/2025, de 2 de enero, de medidas en materia de eficiencia del Servicio Público de Justicia, que modifica diversos aspectos de las subastas judiciales, y que entró en vigor a partir del 3 de abril de 2025, aunque sus efectos práctico los veremos en el 2026.

Los objetivos principales de estos 2 artículos son definir claramente a quién se adjudica una subasta, bajo qué condiciones y a qué precio. A continuación te resumo lo más relevante de cada artículo.

> *1. Si la mejor postura fuera igual o superior al 70 % del valor de subasta (VS), se aprobará el remate en favor del mejor postor. En el plazo de 20 días, el rematante habrá de consignar la diferencia entre lo depositado y el precio total del remate.*

Los 20 días para rematar son hábiles, y empiezan a contar a partir del día en que finaliza la subasta. Y cuidado, no se requiere ninguna notificación del juzgado para que se pague el Remate.

> *2. Si fuera el ejecutante (i.e. Banco) quien hiciese la mejor postura, igual o superior al 70 % del VS, y su puja además es superior al principal reclamado, se aprueba el remate y se procederá*

*a la liquidación de lo que se deba por principal, intereses y costas. El ejecutante consignará la diferencia, si la hubiere.*

Se endurecen las condiciones para la adjudicación del bien al Acreedor, porque si no paga en 10 días el remate, quiebra la subasta y, además de que pierde el depósito y tendrá que asumir los gastos de convocar una nueva subasta.

*3. Cuando la mejor postura ofrecida en la subasta sea menos al 70 % del VS podrá el ejecutado, en el plazo de 10 días a contar desde la fecha de cierre de la subasta, presentar a un tercero que mejora el precio de la subasta ofreciendo una cantidad igual o superior al 60 % del VS o que, aun siendo inferior resulte suficiente para pagar la deuda total.*

*Habiendo pujas y no siendo el mejor postor, el ejecutante no podrá mejorar el precio ni pedir la adjudicación del bien o lote con posterioridad a la subasta, conforme a lo dispuesto en el artículo 647.*

Aquí encontramos un cambio importante con respecto a la anterior ley, vemos que el acreedor hipotecario o demandante pierde privilegios y ya no puede pedir la adjudicación del bien después de la subasta, tendrá que pujar como cualquier postor y si quiere quedarse el bien tendrá que hacerlo dentro del período de pujas reglamentario.

Y seguimos con el apartado 3

*Cuando el ejecutado no haga uso de la facultad de mejora, se aprobará el remate del bien en favor del mejor postor, siempre que la cantidad que se ofrezca por él sea igual o superior al 50 % del VS.*

*No obstante, también se aprobará el remate por la cantidad suficiente para pagar el total de la deuda, sin que pueda ser inferior al 40 % VS. En este caso, la adjudicación del bien supondrá la terminación de la ejecución por completa satisfacción del ejecutante, quedando liberados el resto de bienes que pudieran garantizar el pago de lo reclamado.*

*Si la mejor postura no cumpliera estos requisitos, el LAJ resolverá sobre la aprobación del remate teniendo en cuenta:*

*1. La conducta del deudor en relación con el cumplimiento de la obligación por la que se procede,*

*2. Las posibilidades de lograr la satisfacción del acreedor mediante la realización de otros bienes,*

*3. El sacrificio patrimonial que la aprobación o no aprobación del remate suponga para el deudor, para el propio ejecutante o para terceros acreedores con sus derechos inscritos, y el beneficio que de ella obtenga el acreedor.*

Se introduce un aspecto muy importante para el deudor y es que, en caso de adjudicarse bajo estos requisitos, el deudor liberará todos sus otros bienes que pudieran garantizar la deuda.

*Tratándose de la vivienda habitual del deudor, no se aprobará el remate por cantidad inferior al 70 % VS.*

*Excepto que el valor pague la deuda total, sin que este monto pueda ser inferior al 60 % del VS.*

*Cuando el ejecutante haya sido el mejor postor ofreciendo un precio que no cumple esas condiciones, si el ejecutado no hace uso de su facultad de mejora, el LAJ procederá a aprobar el remate de*

> *la vivienda por el 70 % VS o por la cantidad que se le deba por todos los conceptos si fuera inferior a ese porcentaje, con un mínimo del 60 % VS. Se aplicará en todo caso la regla de imputación de pagos contenida en el artículo 654.3.*

En este mismo artículo y apartado 3 se introduce además un nuevo elemento que aplicará a todos los postores, y es lo que pasa si en la vivienda habitual del demandado.

> *4. Si por la cuantía de la puja el ejecutado pudiera ejercitar la facultad de mejorar la postura, el LAJ informará al mejor postor y se ordenará la devolución del depósito.*
>
> *En caso contrario, se requerirá al mejor postor para que en el plazo de 20 días hábiles pague el remate deduciendo el depósito.*

Como ves, hacer uso de este artículo puede ser una estrategia del deudor para rescatar su inmueble. Ese mejor postor puede ser un familiar, un amigo que le haga el favor a cambio de una comisión extra.

> *5. Quien resulte adjudicatario del bien inmueble conforme a lo previsto en los apartados anteriores habrá de aceptar la subsistencia de las cargas o gravámenes anteriores, si los hubiere y subrogarse en la responsabilidad derivada de ellos.*

Aquí es importante resaltar que las cargas anteriores serán asumidas por el adjudicatario o nuevo propietario del bien. Estas cargas se revisan en la Certificación de Cargas, documentación que está siempre, o por lo menos debería, adjunta en el portal de subastas, al final de la página de la Información General de la subasta. Las cargas posteriores serán eliminadas después de la adjudicación del bien.

> 6. *Cuando se le reclame para constituir la hipoteca a que se refiere el número 12.° del artículo 107 de la Ley Hipotecaria, el letrado o letrada de la Administración de Justicia expedirá inmediatamente testimonio del decreto de aprobación del remate, aun antes de haberse pagado el precio, haciendo constar la finalidad para la que se expide. La solicitud suspenderá el plazo para pagar el precio del remate, que se reanudará una vez entregado el testimonio al solicitante.*

Aquí la LEC da la posibilidad de que solicite una financiación bancaria para pagar el remate, pero esto en la práctica no funciona, ya que los Bancos o Entidades Financieras no otorgan préstamos hipotecarios sobre bienes en subastas, más que nada por no pueden hacer la tasación del bien y además por todos los riesgos inherentes a las subastas. Pero para lo que sí funciona este apartado de la LEC es para retrasar los plazos de pago del remate en caso de falta de liquidez.

> 7. *En cualquier momento anterior a la aprobación del remate o de la adjudicación al ejecutante, podrá el ejecutado liberar sus bienes pagando íntegramente lo que se deba al ejecutante por principal, intereses y costas. En este supuesto, el letrado o letrada de la Administración de Justicia acordará mediante decreto la cancelación de la subasta o dejar sin efecto la misma, si ya hubiera concluido.*

Este apartado en muy claro, el deudor puede pagar la deuda y suspender la subasta hasta justo antes de emitirse el decreto de adjudicación del bien.

Aquí quiero introducir un término nuevo: ENERVAR la deuda, que significa justo lo expuesto en el punto anterior, el pago total de la deuda, o sea las cuotas atrasadas, los intereses y las costas judiciales y siempre que el bien sea la vivienda principal del deudor (o del 3er poseedor). Esta acción podrá hacerse antes de que se otorgue el decreto de adjudicación de remate o el documento final que es el decreto de adjudicación.

Dato importante: la posibilidad de enervar la deuda está solo reservada para las ejecuciones hipotecarias, o sea para las subastas judiciales. En las demás subastas no existe esta posibilidad de enervar la deuda. Tampoco puede enervar una SL aunque sea ejecución hipotecaria.

> *8. Consignada, cuando proceda, en la Cuenta de Depósitos y Consignaciones, el remate deduciendo el depósito, se ordenará la devolución de los depósitos de los postores que han reservado postura y se dictará decreto de adjudicación.*
>
> *También se ordenará la devolución de los depósitos de esos postores cuando el mejor postor haya sido el ejecutante, cuando la persona presentada por el ejecutado para mejorar postura haya ingresado el depósito, o cuando por cualquier otra causa hubiera quedado sin efecto la subasta con posterioridad a su celebración.»*

El remate es la expresión que se usa para decir que ya hay que pagar el resto del dinero restando el depósito. Para pagar el remate, el juzgado emite el Decreto de Adjudicación de Remate, posteriormente y en aproximadamente de 4 a 8 meses después será emitido el Documento de Adjudicación con el que podrás ir al Registro para inscribir el bien.

Cuadro Resumen Art. 670 de la LEC.

**Articulo 670 de la LEC**
**Las Pujas**

**Igual o mayor al 70%VS**

a) Al mejor postor
b) Al ejecutante

**Menor al 70% VS**

**a) El deudor tiene 10 días para presentar mejor postor** :
-Que puje por un valor = o > 60% del VS
-Puje por un valor < al 60%, pero que cubra la deuda

**b) Deudor NO ejerce derecho se aprueba remate si:**
1-Puja = o > 50% VS o
2-Puja cubre deuda sin que sea < 40% VS o
3-Ninguna Puja cumple lo anterior, el LAJ decide en función de varios criterios

**Mejor postor**

**a) Si es Vivienda Habitual deudor:**

1-No se aprueba por < 70% VS
2-Excepto si cubre deuda sin que sea < 60%VS

## Desentrañando el Artículo 671 de la LEC: ¿qué pasa con las Subastas Desiertas?

Una subasta queda desierta cuando no hay ningún postor o sea nadie puja.

Pero la reforma del artículo 671 introduce 3 nuevas alternativas cuando nadie puja en la subasta. Y son:

1. Alzamiento del embargo
2. Ejecutado o ejecutante presentan a una persona interesada
3. Oferta inferior al 40 % del VS

Vamos al detalle de cada una de ellas

**El artículo 671, en su primer párrafo, dice:**

### 1. Alzamiento del embargo

> *"Si en la subasta no hubiere ningún postor, el letrado o letrada de la Administración de Justicia, a instancia del ejecutado, procederá al alzamiento del embargo".*

Bastante claro, pero el tema no termina aquí, hay más posibilidades

### 2 Ejecutado o ejecutante presentan a una persona interesada

> *"No obstante, desde la finalización de la subasta desierta, el ejecutado, por sí o a propuesta del ejecutante, puede designar una*

*persona que esté dispuesta a adjudicarse el bien por un importe que sea igual o superior al 50 por ciento de su valor de subasta. También se podrá adjudicar por la cantidad suficiente para lograr la completa satisfacción del derecho del ejecutante, sin que pueda ser inferior al 40 por ciento del valor de subasta".*

En este 2° párrafo del art. 671, viene a establecer condiciones similares a las ya descritas en el art. 670, apartado 3, y que se resumen así:

El Ejecutante o ejecutado presentan a otra persona para que presente oferta, pero deberá cumplir con estas condiciones:

- Su oferta tendrá que ser igual o mayor al 50 % del Valor de Subasta
- Si es menor, que por lo menos cubra la deuda, pero no puede ser inferior al 40 % del Valor de Subasta pero cuidado, hay todavía más posibilidades, vamos a ello:

## 3. Oferta menor al 40 % del Valor de Subasta

- La conducta del deudor (¿se ha portado bien o ha intentado entorpecer todo?),
- Las posibilidades reales de cobrar con otros bienes,
- El sacrificio patrimonial que supone para cada parte y ante terceros.

Y si alguien involucrado no está de acuerdo con lo que decida el LAJ, se puede presentar **recurso directo de revisión** ante el tribunal.

La reforma también prevé que, si ambas partes están de acuerdo, se pueda celebrar una **nueva subasta** o proponer **otra fórmula de pago** que satisfaga al ejecutante. Esto está regulado en el artículo 640, que abre el abanico a fórmulas más flexibles: pagos a plazos, cesiones, daciones en pago, etc.

Aquí vemos que este artículo 671, no está reservado para que el ejecutante pueda tener posibilidades de saldar la deuda y quedarse con el inmueble como lo era la anterior ley, ahora se abre un abanico de posibilidades a inversores, terceros, a ellos mismo ejecutado y ejecutante a que se salde la deuda y se libere el bien de la carga que se ejecuta.

Cuadro resumen Artículo 671 de la LEC:

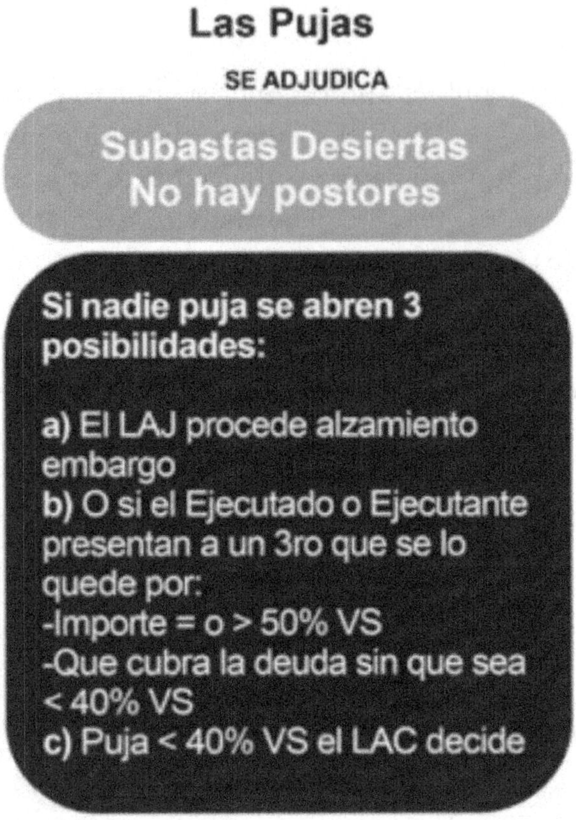


Para que lo puedas entender mejor, te comparto algunos ejemplos a través del siguiente enlace:

https://esc.anea.me/az_40

Para cerrar con broche de oro este apartado, quiero compartir contigo una pregunta muy interesante que me hizo un alumno del método ARZA.

*"En las pujas que son inferiores al 50 %, ¿qué posibilidades reales existen de que el secretario de justicia las apruebe?"*

Hay una gran posibilidad de que una puja inferior al 50 % gane la subasta, siempre y cuando sea la mejor oferta, cubra la totalidad de la deuda, pero esta oferta no puede ser menor al 40 % del Valor de Subasta.

Sin embargo, si esta oferta es menor al 40 % y no cubre la deuda, el ejecutante pujará en la subasta al máximo posible para cubrir su deuda. Pero con esta actitud, estará obligando a todos los postores a subir sus pujas. Aquí hay que tener mucho cuidado, que el ejecutante no presione de tal forma que se supere el valor de mercado del bien, porque para nuestro cliente o inversor ya no habría rentabilidad.

*"Y, ¿qué pasa con la documentación y registro?"*

Es importante que conozcas el camino que sigue la documentación durante el proceso de subasta, en resumen, sería como sigue:

1. **Testimonio del decreto de aprobación de remate:** Este documento es emitido por el juzgado cuando se solicita un préstamo hipotecario o financiación para pagar la subasta.

2. **Decreto de adjudicación de remate:** Mediante este documento el LAJ ordena al ganador de la subasta el pago de la diferencia entre el depósito y del valor por el que se le ha adjudicado el bien.

3. **Decreto de adjudicación:** Finalmente, este es el documento que te convierte oficialmente en el propietario del bien. **Mandamiento Cancelación de Cargas posteriores**, también otorgado por el Juez, donde se ordena la cancelación de cargas posteriores a la ejecutada. Este documento tendrás que presentarlo junto con el Decreto de Adjudicación al Registro para la inscripción del bien

El último paso es llevarlo al registro de la propiedad para su inscripción. Cada uno de estos pasos es esencial y lleva a un desenlace muy positivo si sabes cómo manejar bien la subasta. Así que sigue adelante y confía en el proceso. Con el conocimiento correcto y una estrategia bien pensada, las probabilidades están de tu lado.

## Estrategias que marcan la diferencia

Cuando se trata de subastas, contar con una buena estrategia supone la diferencia entre ganar o perder una oportunidad de inversión. Por eso, además de todo lo que hemos visto en este capítulo, voy a compartir contigo algunos consejos claves para que afiances tu enfoque y maximicen tus posibilidades de éxito.

Lo primero de todo: entiende el plazo. Las pujas tienen un ciclo de 20 días consecutivos desde su lanzamiento. Sin embargo, si alguien puja en la última hora del plazo, la subasta se prolonga por períodos de 1 hora hasta el día siguiente, cerrando definitivamente a las 18:00. Así que, ¡ojo al reloj! El día después del vencimiento, a las 18:00, todo acaba, y la mejor oferta se lleva el premio.

Trucos que marcan la diferencia:

1. **Juega al despiste:** Realiza tu puja justo al final del período de pujas. De este modo, no muestras tus intenciones y evitas que otros subasteros puedan reaccionar y superar tu oferta.

2. **Apuesta fuerte al final:** Cuando la subasta esté a punto

de terminar, lanza tu puja máxima en el último minuto. Incluso si es una cantidad mucho mayor que la oferta actual, esta táctica puede dejar fuera de juego a muchos competidores de una sola vez. Así, solo quedarás compitiendo con aquellos que realmente tienen experiencia y determinación.

3. **Conecta con los actores clave:** Si estás en una subasta judicial, contacta con el acreedor hipotecario antes o justo de que termine la subasta. A menudo, los acreedores se ven obligados a adjudicarse el bien porque las ofertas no cubren la deuda. Puedes proponerles ceder el remate, lo que puede abrir una oportunidad para ti.

4. **Negocia con el deudor:** Antes o después de la subasta, habla con el deudor hipotecario y ofrécele comprar el inmueble. Si acuerdas un pago inicial, conocido como arras, el deudor podría utilizar ese dinero para saldar su deuda. Solo asegúrate de que el dinero de las arras se deposite directamente en el juzgado.

5. **Controla las emociones:** Este es quizás el consejo más importante. No te enamores de ningún inmueble, ni permitas que tu cliente lo haga. Mantén la cabeza fría durante todo el proceso de pujas. Recuerda que esto es una inversión, y lo que buscamos es la rentabilidad, no una casa de ensueño.

Aplica estos trucos, mantén la calma, y estarás en una posición mucho más fuerte para salir victorioso en cada subasta.

### *Atrae toda la abundancia que el universo tiene reservada para ti*

Volviendo a *El arte de la guerra*, Sun Tzu nos enseña que la verdadera victoria no se basa solo en el deseo de ganar, sino en la preparación meticulosa y en la capacidad de controlar nuestras emociones. No se trata de moverse por impulsos, pues los impulsos tienen la mecha corta y uno no siempre puede estar motivado. En cambio, la disciplina, la preparación y la anticipación sí pueden ayudarte a alcanzar tus objetivos. Es igual de fácil manifestar un millón que mil euros. Así que apunta alto, vibra en una frecuencia positiva y atrae toda la abundancia que el universo tiene reservada para ti. Y nunca, jamás, te rindas.

En este capítulo he querido llevarte al corazón de la batalla de las subastas, donde la estrategia y el autocontrol son tus armas más valiosas. Cuando te enfrentas a una subasta, el desafío no es solo competir, sino mantener la disciplina para no superar la PUJA MÁXIMA que has definido. La tentación de ir más allá, de justificar un incremento con cálculos optimistas, puede ser fuerte. Pero aquí es donde debes recordar que el verdadero estratega no se deja llevar por la emoción del momento. En lugar de caer en la trampa de los kamikazes que son arrastrados por el fervor de la subasta, tú te retiras y buscas nuevas oportunidades, consciente de que siempre habrá más.

Tu objetivo siempre será ganar, adjudicarse ese bien que has investigado a fondo. Para lograrlo, necesitas conocer al dedillo los artículos 670 y 671 de la LEC, porque estos son los que rigen el tablero de juego. De estos artículos, lo que realmente impacta en nuestro cliente ideal, o en general a todos los subasteros que están pujando por una subasta, son los supuestos abajo indicados en el cuadro resumen:

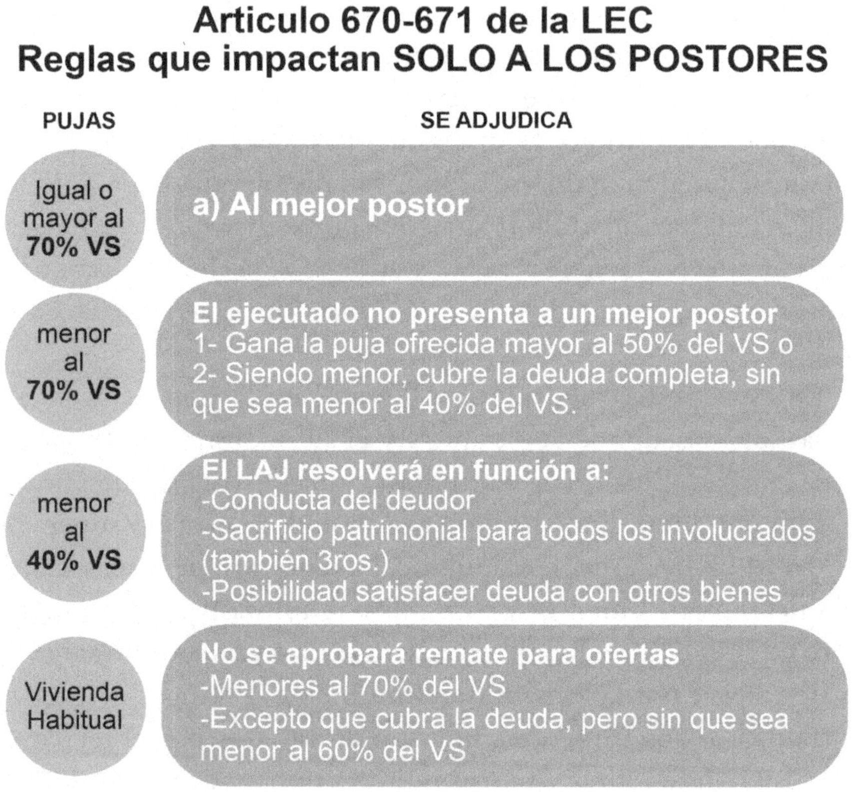


Respecto al Art. 671 de la Ley de Enjuiciamiento Civil (LEC)- Las subastas desiertas, con la nueva Reforma de Ley, el ejecutante no es el único beneficiado de estos cambios, ahora tanto el ejecutado como el ejecutante pueden presentar a una persona interesada en pujar por el bien.

Recuerda que el proceso de subastas electrónicas en el BOE requiere de pasos precisos: poseer una firma electrónica, crear un usuario, consignar un depósito y, finalmente, pujar. Pero más allá de los procedimientos, lo que realmente importa es seguir tu estrategia infalible, esa que has planificado y que se basa en un análisis exhaustivo y en cálculos sólidos del ROI.

Como decía Sun Tzu, "la victoria se logra antes de que comience la batalla". Así que mantente firme en tu plan, no te dejes arrastrar por el juego de los demás. Y si alguna vez sientes que la adrenalina te sobrepasa, recuerda que el éxito en las subastas pertenece a quienes se mantienen fieles a su estrategia y no a quienes se dejan llevar por el impulso.

Capítulo 7

# RESUMEN DEL MÉTODO ARZA EN 4 PASOS

*"A los ignorantes les aventajan los que leen libros.*
*A estos, los que retienen lo leído.*
*A estos, los que comprenden lo leído.*
*A estos, los que se ponen manos a la obra".*
**Herbert Spencer**

Vivimos en algún lugar del universo, en una esquina donde, por la razón que sea, hay vida. Esa corriente que todo lo mueve, animales, plantas, árboles, insectos, a ti y a mí. Giramos y giramos sin darnos cuenta, en un espacio infinito, con la mente en las nubes, en los sueños que nos hacen caminar y los deseos que nos colman de felicidad. Y está bien. Claro que está bien. En la vida hay momentos duros, de caída y sufrimiento, pero esos instantes no son los que la definen. No, querido lector. La vida no es dolor, es felicidad, es orgullo y cariño hacia ti mismo y hacia los demás. La clave está en encontrar el sentido, el propósito que da sentido a cada uno de tus amaneceres, al primer sorbo de café, a la brisa matutina. ¿Qué vas a hacer con esta vida que fluye entre cada una de tus fibras? ¿Cómo vas a honrarla? Esa es la cuestión más importante.

En mi caso, siempre tuve claro que la búsqueda de la felicidad era mi gran objetivo. Y eso pasaba por lograr estabilidad, ingresos y bienestar. Tuve que remar mucho, a menudo en aguas turbulentas que amenazaban con hacerme naufragar. También aprendí de los planes que fracasaron y de los éxitos que me hicieron avanzar. En todo ese proceso, fui forjando mi carrera y diseñando un método que permitiera a otras personas como yo alcanzar sus objetivos. Ese es el Método ARZA.

El método ARZA no es solo una herramienta para analizar e investigar subastas de bienes inmuebles. Se trata también de un camino hacia el crecimiento personal y profesional. A través de este proceso, no solo buscamos adjudicarnos propiedades con beneficios, sino que también cultivamos habilidades clave como la paciencia, la disciplina y la toma de decisiones informadas. Cada subasta es una oportunidad para aprender, mejorar y avanzar un paso más hacia tus objetivos.

Al seguir el método ARZA, inviertes en ti mismo, desarrollando una mentalidad estratégica que te permite ver más allá de lo evidente y encontrar valor donde otros ven riesgo. Este enfoque nos recuerda que el éxito no es solo cuestión de suerte, sino de preparación y perseverancia. Cada adjudicación exitosa es el resultado de un esfuerzo constante y de una visión clara de tus metas.

Es por eso que, antes de continuar, quiero detenerme aquí para recapitular en qué consiste este método, cuáles son sus pasos y procesos y cómo puedes ponerlo en práctica. De esta manera, podrás revisarlo tantas veces como lo necesites de forma práctica y efectiva.

### Método ARZA

Esta metodología se fundamenta en 4 pilares fundamentales:

1. **Capta Viviendas en Subastas**

2. **Crea Subastas Cisne**

3. **Presenta la Subasta al Cliente**

4. **Participación y pujas**

Vamos a revisarlo paso a paso:

### *1. Capta viviendas en Subasta*

Inicia la búsqueda de la Subasta para tu cliente ideal en el Portal de Subastas BOE. Para ello es necesario definir aquellos parámetros que encajan con las necesidades del cliente ideal, por ejemplo: la zona, tipo de inmueble, rango de monto de inversión, etc.

Asegurate de filtrar aquellas subastas que realmente valen la pena, siguiendo los siguientes pasos:

Crea alertas en el BOE para estar informado de las Subastas que van saliendo y que reúnen los requisitos predefinidos.

Define a tu cliente ideal

Aplica un pre-análisis en 3 pasos

1. Revisa el TIPO: se subasta el 100% del dominio o una parte indivisa.

2. Calcula la deuda total y compararla con el valor real de mercado. Si esta es mayor descartala.

3. Cargas Anteriores: dar un primer vistazo a la certificación de cargas.

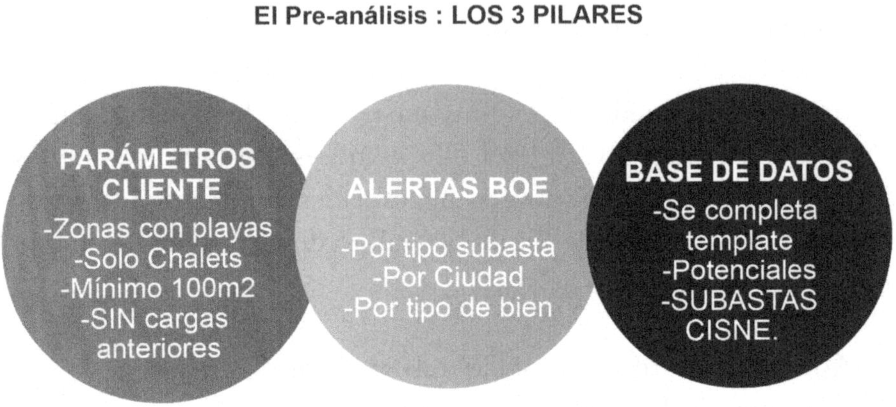


Finalmente, recuerda mantener una base de datos con todas las subastas que han pasado estos filtros. Las mismas serán posteriormente analizadas exhaustivamente para convertirlas en las Subastas Cisnes a ser publicadas y ofrecidas a tus potenciales clientes.

## *2. Creando la subasta cisne*

Una vez una subasta ha pasado el filtro del pre-análisis, está preparada para pasar al siguiente nivel al Análisis Exhaustivo, el cual consiste en 4 pilares fundamentales:

Es fundamental revisar cuidadosamente toda la documentación y asegúrate de entender el estado actual de la posesión del bien, y es luego de este análisis exhaustivo cuando nace La Subasta Cisne.

La Subasta Cisne es un producto filtrado, analizado, con riesgos medidos, con estrategias definidas para enfrentar esos riesgos y cálculos precisos del resultado operativo de la inversión.

Estas subastas no solo son las que recomendaras con confianza a tu cliente ideal, sino que también serán las que utilizarás para atraer nuevos clientes potenciales o "*leads*".Y como todos sabemos en el mundo inmobiliario, generar *leads* es la base de nuestro exito.

### *3. Presentación al cliente*

Ya tenemos lista la Subasta Cisne, analizada desde todos los ángulos posibles y con una estrategia claramente definida para actuar antes, durante y después de la subasta. Ahora es el momento de presentarla al mundo, de captar la atención de inversores potenciales y, en particular, de tu cliente ideal.

Para lograrlo, utiliza herramientas poderosas de marketing digital y acciones directas. Así podrás generar los *leads* suficientes que convertirán a clientes potenciales en adjudicatarios de subastas inmobiliarias.

Es muy importante contar con una valoración real del inmueble, basada en los valores reales de venta de inmuebles similares en la zona. Las valoraciones de portales inmobiliarios son solo referencias, lo que realmente necesitas son estimaciones precisas y ajustadas al inmueble en cuestión.

El cálculo del Retorno de la Inversión (ROI) es lo que realmente te mostrará si la inversión es rentable y cuánto ganará el cliente. Cuanto más exacto sea este cálculo, más te acercarás a la verdadera rentabilidad de la inversión. No olvides incluir todos los impuestos y gastos relacionados para una evaluación completa.

Por último, es esencial que los acuerdos con el cliente se formalicen por escrito y estén firmados por ambas partes. Estos acuerdos deben detallar todas las condiciones que regirán el proceso de la subasta, así como los honorarios y servicios incluidos.

### *4. Participación y pujas*

Ha llegado el momento que tanto hemos esperado: participar en la subasta y pujar por ese bien que hemos estudiado al detalle. Es natural encariñarse con un inmueble después de tanto análisis y familiaridad, y lo mismo puede sucederle a nuestro cliente.

Sin embargo, una vez establecida la PUJA MÁXIMA con el cliente, debemos respetarla sin excepción. Mantener nuestras emociones bajo control y ayudar a nuestro cliente a hacer lo mismo es clave. Es fácil caer en la tentación de pensar: "Podemos aumentar la puja porque hemos sido conservadores en los cálculos del ROI". Pero si la puja supera nuestro límite, es mejor dejarla ir. Deja que los más impulsivos se lleven esa subasta. Nosotros seguimos adelante, porque hay muchas más oportunidades esperando.

En cuanto a las Subastas Electrónicas en el BOE, es fundamental seguir el proceso adecuado para participar y adjudicarse un bien:

1. Poseer firma electrónica.

2. Crear un usuario en el BOE.

3. Consignar el depósito requerido para la subasta.

4. ¡Pujar!

Siguiendo estos pasos, estarás preparado para competir y, con un poco de paciencia y estrategia, lograr la adjudicación deseada.

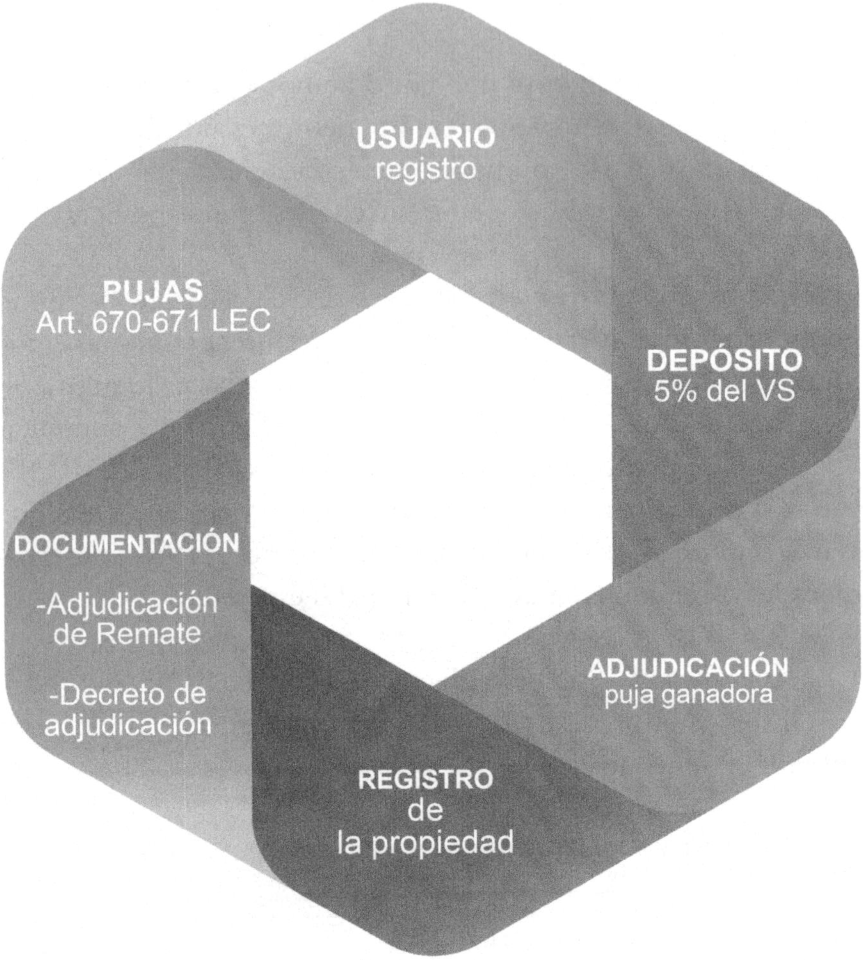


Las **PUJAS** se rigen por unas reglas que debemos tener en cuenta para establecer una estrategia adecuada. Estas reglas están contenidas en los artículos de la LEC abajo explicados:

## Art. 670 y 671 de la Ley de Enjuiciamiento Civil (LEC)

Cuadro Resumen Art. 670 de la LEC.

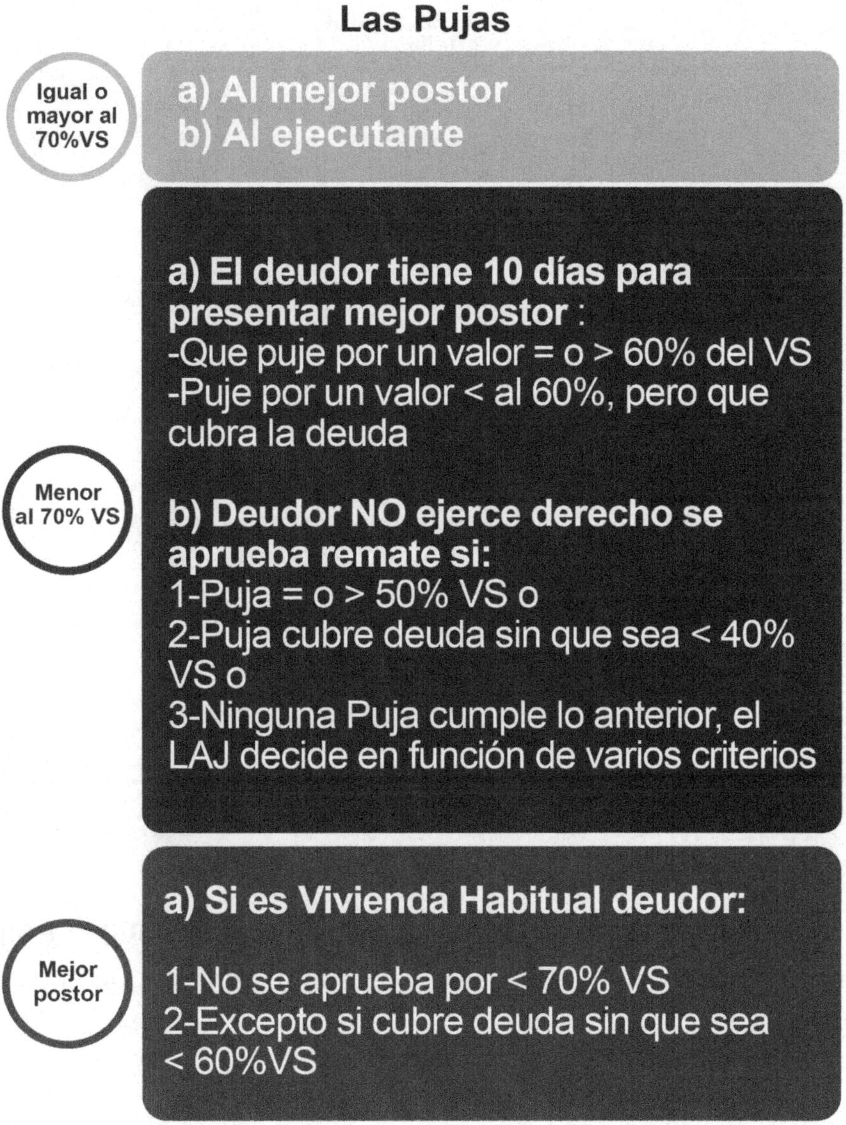

Cuadro Resumen Artículo 671 de la LEC

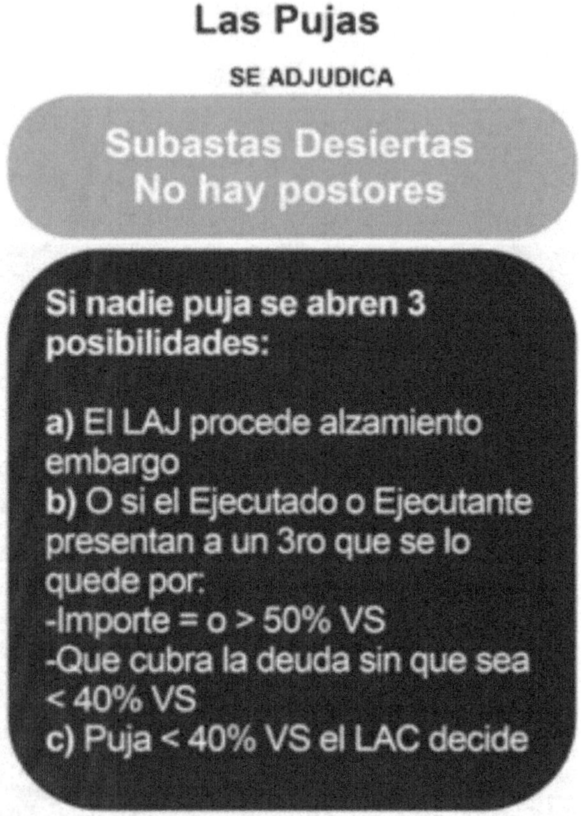


**Art. 670 y 671 de la Ley de Enjuiciamiento Civil (LEC).** En el esquema abajo indicado tenemos solo las reglas que impactan a nuestro cliente ideal.

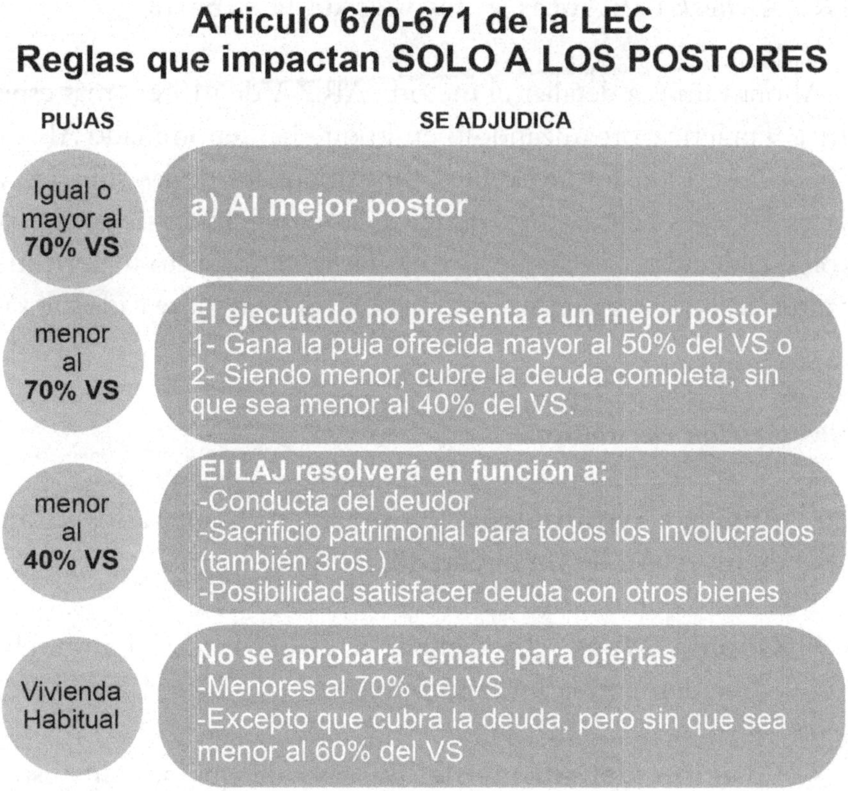


Las estrategias de puja se basan en seguir al pie de la letra lo que hemos planificado y en ejecutar con precisión las decisiones que hemos tomado, especialmente basándonos en el cálculo del ROI. La clave está en mantenernos fieles a nuestra estrategia, jugando nuestro propio juego sin dejarnos influenciar por lo que hacen nuestros competidores. Si tienes tendencia a dejarse llevar por la emoción del momento, aquí es donde enfrentarás tu mayor desafío: mantener la calma y la disciplina para alcanzar el éxito.

## ARZA *check list*: Antes y después de la subasta

Ahora vamos a detallar el método ARZA de manera más específica y práctica, organizándolo en lo que he denominado ARZA Check-List. Con los conceptos fundamentales de las subastas ya claros, las leyes bien comprendidas y las condiciones de participación establecidas, es hora de estructurar las tareas. Esto te permitirá ir directamente al grano y tener un control total sobre cada subasta.

*Investigación electrónica:*

- **Ajuste a parámetros**: ¿La subasta se adapta a los valores de inversión de mi cliente ideal?

- **Google Maps**: ¿La fachada y el entorno del inmueble coinciden con la inversión prevista?

- **Posición del inmueble**: En caso de que sea un piso o local, ¿Google Maps nos permite identificar si es interior o exterior, y si da a la calle o al patio de luces?

- **Deuda**: ¿Es la deuda menor, mayor o casi igual al valor real del inmueble en el mercado?

- **Documentación adjunta**: ¿Están disponibles la Certificación de Cargas, el Edicto de Subastas y la Nota Simple?

- **Usufructo o prohibición de enajenación**: ¿Existe alguna cláusula que afecte la venta del bien?

- **Cargas anteriores**: ¿Hay cargas anteriores a la ejecutada que aún estén activas? ¿A cuánto asciende la deuda? En este caso se deben incluir en el cálculo del ROI.

- **Hipotecas de igual rango**: ¿Hay hipotecas con igualdad de rango que puedan convertirse en carga anterior?

- **Ficha electrónica del catastro**: ¿Hemos descargado y comprobado la dirección exacta del inmueble?

- **Información posesoria**: ¿Hay detalles en el portal sobre la posesión del inmueble?

- **Edicto de Subasta**: ¿Tenemos los nombres de los demandados, demandantes, procuradores y abogados?

- **Procurador de la parte demandante**: ¿Nos ha proporcionado información sobre las cargas y la situación posesoria?

- **Registro Público Concursal**: Si el demandado es una persona jurídica, ¿hemos verificado si tiene limitadas sus facultades de disposición y administración?

- **Proceso de subasta**: ¿El procurador del demandado ha confirmado que la subasta sigue su curso?

- **Notificaciones a demandados**: ¿Están firmadas y recibidas, y la dirección coincide con la del inmueble en subasta?

*Trabajo de Campo:*

- **Existencia física del inmueble**: ¿El inmueble realmente existe y es lo que se dice ser?
- **Verificación de propiedad**: Durante la visita, ¿se ha confirmado que el piso pertenece al demandado?
- **Planes del ocupante**: ¿Qué intenciones tiene cuando finalice la subasta? ¿Está abierto a negociar?
- **Condición del ocupante**: ¿Con certeza, quien vive en la vivienda en subasta? ¿La visita nos ha proporcionado suficiente información sobre el estado del ocupante?
- **Contrato de inquilino**: Si hay un inquilino, ¿tenemos suficiente información sobre su contrato y sus derechos de tanteo y retracto?
- **Información de vecinos**: ¿Los vecinos confirman la información que tenemos y aportan datos adicionales?
- **Presidente de la comunidad**: ¿Nos ha informado sobre la morosidad del demandado?
- **Verificación de parking**: ¿Hemos comprobado que es un parking de coche y tiene acceso normal a la calle?
- **Actitud durante la investigación**: ¿Mantenemos una actitud humilde y perseverante en la investigación de la posesión?

**Valoración del inmueble:**

- **Metodología de valoración**: ¿Contamos con un buen método para valorar inmuebles, más allá de los portales inmobiliarios?
- **Historial de ventas**: ¿Hemos investigado el historial de ventas en la zona?
- **Valoraciones locales**: ¿Hemos consultado inmobiliarias locales para obtener valoraciones precisas?
- **Costo de reformas**: ¿Hemos deducido un 20 % del valor para posibles reformas?
- **Presencia en portales inmobiliarios**: ¿El inmueble o similares están listados en portales inmobiliarios?

**Rentabilidad de la Inversión:**

- **Cálculo del ROI**: ¿Hemos realizado un cálculo preciso del Resultado Operativo de la Inversión, incluyendo todos los gastos e impuestos?
- **Negociación con ocupantes**: ¿Hemos considerado la posibilidad de negociar con los ocupantes en nuestros cálculos?
- **Honorarios**: ¿Hemos incluido nuestros honorarios y los de la venta del inmueble en el cálculo del ROI?

**Después de la Subasta:**

- **Decreto de Adjudicación**: ¿Se ha solicitado al juzgado el Decreto de Adjudicación y el Mandamiento de Cancelación de Cargas?

- **Cambio de titularidad**: ¿Se ha gestionado con el banco o acreedor hipotecario algún cambio de titularidad pendiente?

- **Notificación a inquilinos**: ¿Se ha enviado un burofax al inquilino notificando la situación y su derecho de tanteo y retracto, si lo tiene?

- **Registro del inmueble**: ¿Se ha llevado la documentación necesaria al Registro de la Propiedad?

- **Pago del ITP**: ¿Se ha efectuado el pago del Impuesto sobre Transmisiones Patrimoniales en Hacienda?

- **Notificación al Ayuntamiento**: ¿Se ha informado al Ayuntamiento del cambio de titularidad y solicitado la exención de la Plusvalía?

- **Escrituras y capitulaciones**: Si el adjudicatario es una sociedad o una persona casada en régimen de separación de bienes, ¿se ha presentado la documentación correspondiente?

- **Revisión de cargas**: ¿Se ha verificado que no existan cargas pendientes o embargos cercanos a vencer?

- **Seguridad postadjudicación**: ¿Se han instalado una alarma y una puerta acorazada antiokupas tras la adjudicación del bien?

Esta guía detallada te ayudará a mantener el control en cada paso del proceso, asegurando que todas las bases estén cubiertas y que la subasta sea un éxito.

### *El símbolo de la búsqueda de la felicidad*

Déjame ahora confesarte algo: para mí el método ARZA es más que una herramienta. Para mí es un símbolo de esa búsqueda de la que te hablaba en páginas anteriores, ese viaje vital en pos de la felicidad. Es el testimonio de que, con esfuerzo, disciplina y una visión clara, puedes transformar tus sueños en realidades tangibles. Cada subasta, cada análisis, y cada decisión te acercan no solo a tus metas financieras, sino también a una versión más fuerte y realizada de ti mismo.

Recuerda, el éxito no es un destino final, sino un camino que se construye con cada pequeño paso, con cada elección consciente. No permitas que las dificultades te definan, deja que lo haga tu resiliencia, tu pasión, y tu capacidad de levantarte una y otra vez. Así, en cada amanecer, en cada subasta, estarás honrando la vida que fluye dentro de ti, llenando tus días de propósito y satisfacción.

Ahora, con el método ARZA en tus manos, estás más preparado que nunca para enfrentar cualquier desafío. No solo en las subastas, sino en la vida misma. Porque al final, lo que realmente cuenta no es lo que logramos, sino en quién nos convertimos mientras lo hacemos. Adelante, que el viento sopla siempre a favor de quienes se atreven a soñar en grande y a actuar con determinación.

Capítulo 8

# LA CERTIFICACIÓN DE CARGAS

*"Somos lo que hacemos repetidamente. La excelencia, entonces, no es un acto, es un hábito".*
**Aristóteles**

A veces me pierdo mirando al cielo nocturno. Sí, me sucede a menudo. Después de un día intenso de trabajo, de haber avanzado hacia mis objetivos sin pausa, paso a paso, tras lograr estar en paz con la vida y sus retazos, alzo la cabeza y busco puntos brillantes. No siempre los encuentro. En la ciudad la contaminación lumínica impide ver las estrellas con todo su fulgor, pero cuando estoy en el campo o en la montaña sí las veo perfectamente. Puntos fulgentes. Pequeñas bolas de fuego. Un fuego que arde con las mismas ganas que yo le pongo a cada día, con la misma fuerza. Con el mismo tesón y empeño por iluminar cada oscuro rincón. Por llegar un poco más allá cada día. Aprendiendo. Creciendo. Forjando el destino que deseo. Porque a la vida hay que decirle que sí, que estamos aquí y que queremos vivirla al máximo.

Para mí, cada una de esas estrellas es un deseo, un objetivo, un anhelo de algo más grande. Pero, a veces, esos sueños parecen inalcanzables, como si estuvieran siempre fuera de nuestro alcance, perdidos en la vastedad del cosmos. Y es fácil, tan fácil, dejar que se desvanezcan, rendirse a la comodidad del "no puedo" o "no es para mí".

Sin embargo, hay algo mágico en el universo, algo que va más allá de lo que vemos. Todo en la vida vibra a una frecuencia específica, y cuando sintonizas la tuya con la frecuencia de tus sueños, el viento sopla a tu favor. Cada pensamiento positivo, cada acción hacia delante, cada pequeño paso te acerca más a esa estrella brillante. Es la ley de la atracción en su forma más pura. Tienes el poder de cambiar tu destino, de moldear tu realidad, de hacer que el universo te entregue la abundancia que deseas.

En el mundo inmobiliario, esto es fundamental. No se trata solo de revisar certificaciones de cargas o de memorizar leyes y regulaciones. Se trata de visualizar el éxito y vibrar con la emoción de cada nuevo reto. De despertar cada mañana con la certeza de que hoy es el día para acercarte un paso más a tu futuro. Cada propiedad que revisas, cada cliente que atiendes, cada negociación que cierras, no son solo transacciones, sino oportunidades para construir la vida que siempre has deseado.

Sí, hay obstáculos en el camino. ¡Cómo no! A veces, los riesgos parecen enormes y las sorpresas inesperadas pueden dejarte sin aliento. Pero es ahí donde tu mentalidad hacia el futuro juega un papel muy importante. No te enfoques en las piedras que encuentras en el camino, sino en la montaña que estás decidido a escalar. Mantén tu mirada en la cima, porque allí es donde reside el lugar que estás buscando, aguardando pacientemente a que llegues.

Así que, antes de seguir profundizando en los detalles técnicos y en las estrategias del mercado, tómate un momento para recordar por qué empezaste en este camino. Reafirma tus sueños, sintoniza con ellos, y no te detengas hasta hacerlos realidad. Porque en este capítulo, no solo aprenderás a navegar por las complejidades del mercado inmobiliario, sino también a vibrar en la frecuencia del éxito. Es el momento, ahora.

## Cargas registrales: la clave para tomar decisiones estratégicas

Metiendo ya las manos en harina, comencemos por repasar un aspecto fundamental en el mundo de las subastas inmobiliarias: las cargas que aparecen en la Certificación de Cargas.

Estas se dividen en tres tipos, y entender cada una de ellas es clave para tomar decisiones informadas y estratégicas.

1. **Cargas anteriores**: Son las cargas que el adjudicatario deberá asumir. Estas cargas ya existían antes de que se ejecutara la subasta y son de vital importancia, ya que afectan directamente al coste final del bien que se adquiere.

2. **Carga que se ejecuta**: Es la carga específica que ha dado lugar a la subasta. Por ejemplo, si se está subastando un inmueble por impago de hipoteca, esta es la carga que se está ejecutando.

3. **Cargas posteriores:** Son las cargas que se eliminarán después de la subasta. A diferencia de las anteriores, estas no afectarán al nuevo propietario, ya que quedan canceladas una vez se ha completado el proceso de adjudicación.

Para poder interpretar correctamente lo que se describe en la certificación de cargas, es necesario entender algunos conceptos básicos sobre las ejecuciones hipotecarias, especialmente las hipotecas y las modificaciones que pueden sufrir, conocidas como novaciones.

Primero, refresquemos el concepto de hipoteca. Una hipoteca es un derecho real constituido sobre una finca registral que otorga al titular la facultad de subastar dicha finca y con el precio obtenido, resarcirse del incumplimiento de la obligación que garantiza. En otras palabras, es un mecanismo que protege al que otorgó el préstamo hipotecario, en caso de que el que lo recibió, no cumpla con sus obligaciones de pago.

## Novaciones y Ampliaciones de Hipoteca

### *Novación de hipoteca*

Es una operación mediante la cual se modifica algún término de la hipoteca ya constituida. Imagina que en tu escritura de préstamo hipotecario existen dos partes importantes:

1. **Condiciones financieras del préstamo**: como el tipo de interés o el plazo de amortización.

2. **Condiciones de la hipoteca**: como el rango en el registro o las cláusulas adicionales.

Se produce una novación cuando se modifica cualquiera de estas condiciones, ya sea de la obligación garantizada (por ejemplo, si se cambia el tipo de interés del préstamo) o de la propia hipoteca.

En el derecho hipotecario, se diferencian dos tipos de novación:

- **Novación no extintiva**: Se modifica la hipoteca existente, pero no se extingue la obligación inicial ni surge una nueva. Es decir, la hipoteca original continúa, pero con términos modificados.

- **Novación extintiva**: Se sustituye la obligación original por una nueva, lo cual requiere que haya una diferencia clara entre la obligación original y la nueva, además de una intención explícita de extinguir la obligación primitiva y reemplazarla por otra. En este caso, hablamos de la extinción de una obligación jurídica como resultado de una nueva obligación que la reemplaza.

Dominar estos conceptos te aportará la tranquilidad de saber que estás tomando las mejores elecciones para ti y tus clientes. Si quieres profundizar en el tema, te animo a consultar la web de la Dirección General de los Registros y del Notariado.

### *Ampliación de hipoteca*

Hablemos de algo importante: el dinero. Cuando nos referimos a una ampliación de hipoteca, debemos tener en cuenta de que se trata de una operación en la que se aumenta la responsabilidad monetaria garantizada por esa hipoteca. Es decir, se incrementa el monto de dinero que la hipoteca asegura que será devuelto. Esto es crucial porque las hipotecas generalmente están diseñadas para garantizar la devolución de ciertas cantidades de dinero, vinculando la finca gravada a esa devolución.

Para entender cómo funciona, primero debemos desglosar el concepto de Responsabilidad Hipotecaria, que se compone de cuatro elementos fundamentales:

1. Principal: La cantidad inicial del préstamo o la ampliación de la hipoteca.

2. Intereses: Los costos adicionales que se suman al principal por el privilegio de utilizar el dinero prestado.

3. Intereses de demora: Penalizaciones aplicadas si se retrasan los pagos.

4. Posibles costas y gastos: Gastos adicionales que podrían surgir en caso de que sea necesario ejecutar la hipoteca judicialmente.

Cuando decimos ampliación de hipoteca, nos referimos específicamente a incrementar el principal del préstamo, el cual a su vez afecta todos los elementos de la responsabilidad hipotecaria.

Por ejemplo, imagina que tienes una hipoteca inicial de 200.000 €. Si después de algunos años decides pedir una ampliación de 40.000 €, tu hipoteca se incrementará a 240.000 €. Esta ampliación también podría aumentar proporcionalmente los intereses, los intereses de demora y las posibles costas y gastos.

Por otro lado, existe la ampliación del plazo, que se refiere a extender el período de tiempo para pagar el préstamo. Digamos que tienes una hipoteca con un plazo de 20 años y decides ampliarla a 30 años. Esta extensión puede reducir considerablemente el monto de las cuotas mensuales, haciendo más manejable el pago del préstamo a lo largo del tiempo.

Ahora, si nos ponemos a reflexionar desde el punto de vista de otros derechos involucrados, como podría ser un derecho de embargo, la posibilidad de que una hipoteca pueda extender su garantía en el tiempo afecta la prioridad de cobro de otros acreedores. En otras palabras, si una hipoteca sigue ampliándose, esto podría retrasar la oportunidad de otros acreedores de recibir sus pagos, perjudicando así el derecho de especialidad de quienes tienen cargas posteriores.

Para estos acreedores, una ampliación de hipoteca no es una buena noticia, ya que disminuye la probabilidad de que se les pague en caso de una ejecución. Esto convierte a la ampliación de hipoteca en una herramienta que, aunque puede ser ventajosa para el propietario del bien, puede tener implicaciones negativas para otros actores financieros involucrados.

## El rango registral

Aquí, lo que realmente importa es la fecha de la anotación o inscripción en el Registro de la Propiedad. Esta fecha determina el orden de preferencia de ejecución sobre una finca registral, es decir, quién tiene el derecho prioritario en caso de que se deba ejecutar una de las cargas o derechos inscritos en ella.

En el Registro de la Propiedad, la base funcional es la finca registral. Sobre esta finca se van gestionando, en estricto orden cronológico de entrada, los documentos que las motivan, distintas inscripciones que se numeran desde la primera hasta la última en un orden secuencial.

Por ejemplo, los embargos se anotan mediante inscripciones identificadas con letras que siguen el orden alfabético, comenzando por la A y avanzando sucesivamente. He visto certificaciones de cargas que han agotado el abecedario y han tenido que asignar combinaciones de doble letra como AA, AB, AC, y así sucesivamente.

Esta flexibilidad permite que una persona constituya tantas hipotecas como desee sobre su finca. Sin embargo, el orden de inscripción determina el rango de preferencia: una hipoteca inscrita en la segunda posición tendrá preferencia sobre una hipoteca inscrita en la tercera, cuarta, y así sucesivamente.

Esto significa que, aunque la inscripción más antigua suele estar reservada para registrar al primer propietario, una inscripción posterior, como la segunda, podría corresponder a una hipoteca que tendría un rango preferente sobre las que se inscriban después, como la tercera, la cuarta, etc.

**Veamos un ejemplo del rango y los derechos posteriores**

Imaginemos la historia de una finca registral como si fuera un tablero de ajedrez en el que cada movimiento cuenta. En este tablero, la propiedad está a nombre de Juan, un jugador que ha hecho varias jugadas importantes:

1. Primer movimiento: Juan adquiere la propiedad (Inscripción 1ª) y se convierte en su dueño.

2. Segundo movimiento: Juan negocia una hipoteca con la entidad A, y se inscribe esta hipoteca como la Inscripción 2ª en el registro.

3. Tercer movimiento: Más adelante, Juan vuelve a necesitar financiación y obtiene una segunda hipoteca, esta vez con la entidad B, que queda registrada como Inscripción 3ª.

4. Cuarto movimiento: Pero no todo es perfecto en el tablero. Aparece un desafío: un embargo preventivo a favor de la entidad C, que se anota como la letra A.

5. Quinto movimiento: Por último, Juan decide solicitar otra hipoteca con la entidad C (la misma del embargo), que se inscribe como la Inscripción 4ª.

Ahora, si miramos el tablero, podemos ver que la preferencia para ejecutar las cargas sería siguiendo el orden de inscripción registral:

- Primero, la hipoteca a favor de la entidad A que es la **Inscripción 2ª.**

- Segundo, la hipoteca a favor de la entidad B, que es la **Inscripción 3ª**

- Tercero, el embargo de la Entidad C, **Anotación A.**

- Cuarto, la hipoteca de la Entidad C con **inscripción 4ª.**

***Primer movimiento estratégico: Modificación de la Hipoteca de la Inscripción 3ª***

Pongamos que Juan llega a un acuerdo con la entidad B para modificar las condiciones de su hipoteca (Inscripción 3ª).

¿Qué sucede?

Si la modificación (Novación) **no afecta el plazo** del préstamo, la hipoteca de la entidad B mantiene su rango. La hipoteca a favor de la entidad B no pierde rango frente a nadie, pues dicha modificación NO perjudica ni altera la posición de los derechos posteriores.

Pero, si la modificación incluye una **extensión del plazo** del préstamo, las cosas cambian. La entidad B necesitará el consentimiento de las entidades con derechos inscritos después de ella (como la entidad C) si quiere mantener su posición de rango. Si no lo consigue, pierde su lugar privilegiado.

Esto NO quiere decir que la entidad B para ampliar el plazo deba tener el consentimiento del titular de la hipoteca posterior, sino que debe tenerse dicho consentimiento SI QUIERE MANTENER SU RANGO preferente al de la **hipoteca** C.

Esta regulación en especial se refiere **a** derechos **INSCRITOS y NO a los ANOTADOS**, con lo que el consentimiento que debería obtenerse únicamente es el de la entidad C por razón de su HIPOTECA inscrita, es decir, NO por la anotación de embargo. Frente al embargo, la ampliación de plazo NO pierde rango.

***Segundo movimiento estratégico: Ampliación de la Hipoteca de la Inscripción 3ª***

Ahora, imaginemos que Juan y la entidad B acuerdan ampliar el monto de la hipoteca (Inscripción 3ª).

¿Qué implica esta jugada?

Una ampliación siempre implica perder rango de las nuevas cantidades agregadas. Las cantidades originales se mantienen en su lugar, pero las nuevas pasan al final de la fila y se consideran como una 4ª hipoteca.

Para evitar esta pérdida de rango, necesitaría el consentimiento de todas las entidades con derechos posteriores, ya sean inscritos o anotados. Es decir, debería negociar con la entidad C tanto por su derecho inscrito, que es la hipoteca, como por su derecho anotado, que es el embargo.

***Tercer Movimiento Estratégico: Modificación y Ampliación Simultáneas***

Finalmente, si Juan decide combinar ambos movimientos —modificar y ampliar la hipoteca (Inscripción 3ª)—, se enfrenta a un doble desafío.

¿Cómo se resuelve esto?

La **ampliación de las cantidades** pierde rango frente a todos los derechos posteriores inscritos o anotados, y la a**mplia-**

**ción de plazo** de la obligación respecto de todos los derechos posteriores INSCRITOS.

Sé muy bien que este tema de los rangos registrales es complejo, por este motivo, si necesitas orientación o un asesoramiento adicional, no dudes en contactar conmigo. Puedes hacerlo a través del siguiente enlace:

https://esc.anea.me/az_50

¡Estaré encantada de atenderte!

***Hipotecas con el mismo rango registral***

Puede suceder que dos hipotecas compartan el mismo puesto en la línea de salida. Esto es lo que conocemos como **Igualdad de Rango**. Según el Artículo 277 de la Ley Hipotecaria, esta situación permite que dos o más hipotecas sobre una misma propiedad tengan la misma prioridad registral. Es decir, están en la misma posición de preferencia cuando llega el momento de la ejecución.

Cuando dos hipotecas tienen igualdad de rango, la ejecución de una de ellas no afecta a la otra. Por ejemplo, si se ejecuta una hipoteca con igualdad de rango, la segunda hipoteca no se cancela ni cobra de esa ejecución. En cambio, permanece activa y vigente, convirtiéndose en una **carga anterior** para el nuevo adjudicatario de la propiedad. Esto es muy importante para los inversores y propietarios, porque significa que hay que estar muy atentos a los detalles de cada carga.

Los registradores siempre dejan clara la igualdad de rango en la certificación de cargas, por lo que es vital leer con detenimiento cada documento. A veces, este detalle puede pasar desapercibido, especialmente cuando las hipotecas provienen de la misma entidad bancaria o de una fusión entre bancos.

Ahora bien, ¿has oído hablar de los Títulos Hipotecarios? Aquí entra en juego otra aplicación de la igualdad de rango. Si en una ejecución hipotecaria garantizada por estos títulos, cualquier tenedor promueve la ejecución, los demás tenedores de los títulos tienen el mismo derecho de igualdad de rango. Esto significa que la hipoteca original sigue vigente por el valor total de los títulos que no se ejecutaron, y el nuevo comprador asume esta responsabilidad.

***Prórroga de Inscripción o Anotación en ejecución***

Pero, ¿qué pasa si se vence una anotación de embargo o ejecución hipotecaria? Si has llegado al final de una subasta y has pagado el remate, pero a este nivel todavía no has hecho la inscripción de esta adquisición en el registro, pero te das cuenta de que la anotación de ejecución hipotecaria o el embargo está a punto de vencer, se trata de un asunto serio. Porque si la anotación caduca sin ser renovada, podría cambiar el orden de las cargas posteriores, poniéndolas por delante y convirtiéndolas en cargas anteriores.

¿Qué hacer en estos casos?

1. Escribe al juzgado: Notifica de inmediato que el embargo está a punto de caducar y solicita las gestiones necesarias para renovarlo. Es muy importante actuar rápido.

2. Habla con tu procurador: Pídele que solicite la renovación de la inscripción hipotecaria o del embargo, enfatizando la urgencia del asunto.

Este cuadro resumen a continuación te muestra de forma clara el impacto de las Novaciones y Ampliaciones de Hipotecas sobre el Rango Registral:

| ¿Pierde Rango Registral? | Derechos INSCRITOS | Derechos ANOTADOS |
|---|---|---|
| Novación SIN ampliar PLAZO | **No** pierde | **No** pierde |
| Novación CON ampliar PLAZO | **Si** pierde | **No** pierde |
| Ampliación (monto hipoteca) | **Si** pierde | **Si** pierde |
| Novación y Ampliación | **Si** pierde | **Si** pierde |

## Otras cargas a ser consideradas

### *La Condición Resolutoria*

La condición resolutoria es una garantía en caso del incumplimiento de un comprador de pagar el precio APLAZADO. En caso de haberse suscrito un contrato que posea esta cláusula y que se haya faltado al pago, se dará lugar a la resolución de pleno derecho de la compraventa.

Normalmente, los acuerdos con plazos aplazados se regulan a través de Letras de Cambio, actualmente es suficiente el contrato firmado por todas las partes y que deberá estar inscrito en el registro de la propiedad, lo cual le dará la eficacia frente a todos, también a los posteriores adquirentes.

En el registro, la inscripción de compraventa, que es donde se ha incluido la condición resolutoria, será siempre anterior a la ejecución hipotecaria, por lo que tendría que estar señalada en primera instancia por el registrador.

También puede pasar en los casos de primeras ventas u obra nueva que el promotor preste su consentimiento expreso de que la condición resolutoria esté indicada posteriormente a la hipoteca inmediatamente siguiente. Claro es que aquí el vendedor saldría perjudicado. Si se ejecutara la condición resolutoria y el contrato de compraventa se resolviera, el vendedor recuperaría la vivienda gravada con una hipoteca. Pero en caso contrario, si lo que se ejecuta es la hipoteca posterior, la condición resolutoria se extinguiría por ser posterior y por ser de rango inferior a pesar de estar por delante cronológicamente.

Pero como he dicho anteriormente, en las subastas judiciales, si esta carga existiese en la Certificación de Cargas, el registrador lo indicará junto con la importante nota de si ha sido posterior a la hipoteca siguiente. Esto último ya beneficiaría a nuestro cliente, ya que se convierte en una carga posterior a ser borrada tras la subasta.

En el caso en que esta resolución quedase como carga anterior y nuestro cliente decide que la asume, le tendríamos que advertir que el proceso de pago puede ser complicado y tedioso, especialmente si son letras de cambio que el vendedor pudo haber endosado a otras personas difíciles de localizar.

Ahora supongamos un embargo posterior a la condición resolutoria. Al momento en que se pida la certificación de dominio y cargas al Registro para la ejecución del embargo, el Registro estará obligado a comunicar al Juzgado cualquier novedad. Si en el ínterin se ejercita la condición resolutoria y la propiedad vuelve al antiguo dueño, el registro tiene que notificar al juzgado ese cambio para evitar que haya una subasta por la anotación del embargo. A partir de entonces no se podrá prorrogar el embargo ni inscribir una adjudicación.

***Los embargos como carga anterior***

Cuando hablamos de embargos que tienen un rango anterior a la deuda ejecutada, es clave recordar que las cantidades anotadas como deuda suelen ser provisionales. ¿Y qué significa esto? Pues que estas cifras pueden incrementarse significativamente si el proceso judicial se prolonga más de lo previsto.

Esto es diferente de lo que ocurre con las deudas hipotecarias, que están limitadas a la Responsabilidad Hipotecaria que se anotó en el registro.

Vamos a ver un ejemplo. Imaginemos que tenemos un embargo anterior anotado con las siguientes cifras:

- **Principal**: 37.000 €
- **Intereses presupuestados**: 5.000 €
- **Costas presupuestadas**: 30 %

Aunque pase el tiempo o suceda cualquier imprevisto, pagará lo que está anotado. Pero si no hay una anotación detallada, existe el riesgo de que los montos provisionales aumenten sin haberse especificado claramente.

Otro punto clave es asegurarnos de inscribir el título de adjudicación de inmediato después de la adjudicación. ¿Por qué es tan importante? Porque si dejamos pasar el tiempo, los acreedores de embargos anteriores podrían aprovechar para anotar una ampliación de su embargo, que no hubiesen hecho en su momento.

### *Anotación preventiva de embargo o demanda*

Cuando en el registro aparece una Anotación Preventiva como carga anterior, es una señal de alerta para todos. Esta anotación indica que alguien ha **iniciado un procedimiento ejecutivo** en el que está reclamando la propiedad de ese inmueble o la creación, modificación, declaración o extinción de algún derecho real sobre él.

Dado que se trata de una carga anterior que puede afectar directamente al adjudicatario, es fundamental investigar a fondo. Para ello, se recomienda solicitar el expediente en el juzgado correspondiente o ponerse en contacto con el procurador del acreedor para obtener más información.

### *Anotación de opción a compra*

Si esta anotación tiene una fecha anterior a la carga ejecutada, se considera una carga anterior que deberemos satisfacer al beneficiario cuando corresponda. En este caso, es fundamental revisar las condiciones que regulan esta opción de compra. Debemos tener presente que, si el titular decide ejercer su derecho, no tendremos otra opción que entregar el inmueble, a pesar de los esfuerzos del asesor en subastas y del cliente para obtener la adjudicación.

Si existe esta anotación, lo más recomendable es buscar otra oportunidad. Este riesgo es difícil de evaluar, a menos que se contacte directamente al beneficiario antes de la subasta y se confirmen sus intenciones.

### *Anotación de hipotecas con varias letras*

Cuando nos encontramos con una hipoteca que incluye varias letras y se ejecuta una de ellas, pero las otras no, es importante recordar que todas estas letras pertenecen a la misma hipoteca y, por lo tanto, tienen el mismo rango. Esto significa que el adjudicatario deberá hacerse cargo de las letras restantes según se vayan venciendo. Es fundamental averiguar lo más pronto posible a quién deben pagarse estas letras para minimizar costos adicionales, como los intereses de mora.

Dado que esta información tan crucial rara vez se proporciona a los interesados, si nuestro cliente está verdaderamente interesado en la subasta y desea continuar con la investigación, debemos explorar todas las alternativas posibles. Una opción es contactar a la entidad acreedora a través de nuestros contactos para solicitar esta información. En el edicto de subasta también se proporciona el nombre del

Procurador, quien puede ser una fuente valiosa de información. Es recomendable contactarlo para pedirle detalles sobre las letras, así como cualquier otro dato relevante para la investigación.

Aunque el Procurador probablemente se reserve información personal del demandado debido a la protección de datos, suele proporcionar otros datos importantes, como las cargas anteriores, la posesión del bien, quién ocupa la vivienda y bajo qué condiciones. Además, puede ofrecer detalles sobre la situación del deudor y si existe la intención de pagar o no la deuda.

### *Varias obligaciones hipotecarias*

¿Cuál es el porcentaje de la deuda en relación con el total de la hipoteca? A veces, la cantidad inicialmente reclamada puede estar compuesta por varias obligaciones hipotecarias, aunque solo una de ellas sea la que se está ejecutando. Esto nos lleva a considerar que las demás obligaciones hipotecarias también podrían estar impagas y compartir el mismo rango registral que la obligación ejecutada. En tal caso, estas también representarían una carga anterior.

## Las cargas preferentes

### *1. Hipoteca legal tácita*

Según el artículo 78 de la Ley General Tributaria, la hipoteca legal tácita es una garantía que asegura el cobro a la Administración Pública (estatal, autonómica o local) de los tributos que gravan periódicamente bienes o derechos inscritos en un registro público. A continuación, enumeramos algunos de los tributos que afectan directamente a los inmuebles subastados:

***Impuesto de Bienes Inmuebles (IBI)***

El IBI es un impuesto considerado un derecho real, por lo que los recibos pendientes del año en curso y del año anterior tienen preferencia sobre todos los acreedores, incluidos los hipotecarios o adquirentes.

Este tipo de cargas puede estar incluida o no en la certificación de cargas como una afección fiscal del inmueble. Estas subsisten tras la transmisión, aunque no estén anotadas en el registro, o sean anteriores o posteriores a la carga que motivó la ejecución.

Sin embargo, el proceso no termina aquí. El ayuntamiento, normalmente, no solicita al juzgado este pago en la ejecución. Por lo tanto, el adjudicatario estará obligado a pagar el IBI del año en curso y de los cuatro años anteriores, siempre que estos no hayan prescrito, considerando que el plazo de prescripción es de cuatro años.

Pero si esta deuda no ha prescrito, el adjudicatario se pudiera ver en la situación de tener que pagar todos los IBIs vencidos. Mi sugerencia es no pagar nada hasta tanto la deuda se derive, con suerte puede prescribir. Detalles de este tema en el capítulo 5.

### *Deudas de la Comunidad de Propietarios*

De acuerdo con el artículo 6.1 de la Ley de Propiedad Horizontal, las deudas de la comunidad deben pagarse independientemente de si están inscritas en el registro de la propiedad o no. Se paga el año en curso y los cuatro anteriores. Este período puede variar dependiendo de la comunidad autónoma.

## *2. Tercerías de mejor derecho*

Se llama "Terceros de Mejor Derecho" a aquellos entes o personas que pueden interponer una demanda en el juzgado por ser acreedores titulares de embargos posteriores a la carga ejecutada, pero que tienen derecho a cobrar antes que el acreedor demandante.

Este tipo de carga no la debe asumir el adjudicatario, ya que las paga el juzgado por tratarse de tercerías con preferencia para el cobro. Estos terceros cobrarán antes que el propio banco. A continuación, se enumeran algunos casos:

- Salarios de trabajadores por cuenta ajena correspondientes al último año en curso, siempre que la propiedad esté relacionada con el ejercicio de la actividad económica y la deuda se haya anotado en el registro como un embargo.

- Deudas relacionadas con derechos de explotación del autor.

- Deudas por cuotas vencidas de la Seguridad Social.

Estas cargas no afectan el rango registral, a diferencia de las hipotecas legales tácitas, que sí lo hacen y tienen prioridad sobre todas las cargas.

**Las Cargas Preferentes**

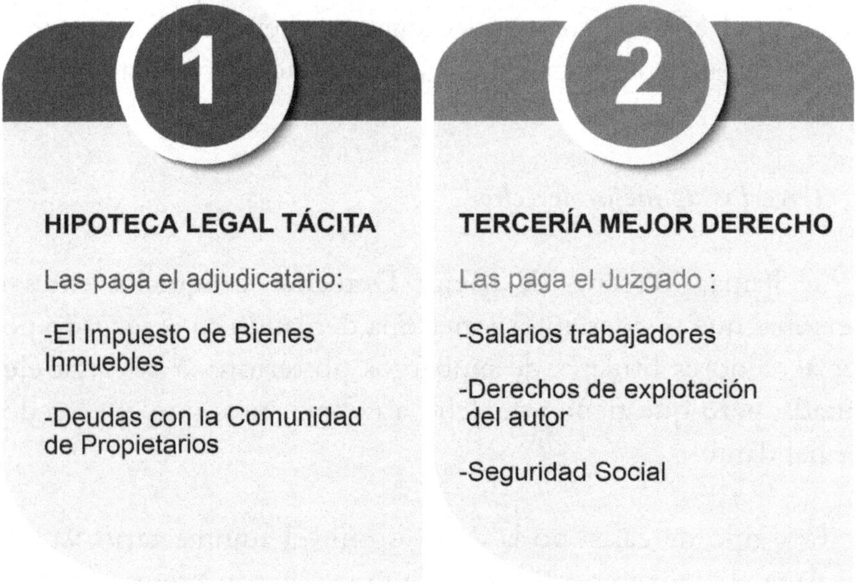


### 3. *Derecho de uso: definición y consideraciones en Subastas Judiciales*

El derecho de uso es un derecho real regulado por los artículos 523 y 529 del Código Civil (CC), que otorga al beneficiario el derecho a utilizar una cosa ajena para satisfacer sus necesidades y las de su familia. Este derecho es distinto del usufructo y presenta una serie de derechos, obligaciones y limitaciones.

De acuerdo con estos artículos, el derecho de uso "da derecho a percibir de los frutos de la cosa ajena los que basten a las necesidades del usuario y de su familia". Esto significa que, aunque el derecho de uso permite al titular utilizar un bien para sus necesidades personales y familiares, no le confiere el derecho a obtener los frutos económicos de dicho bien.

En comparación con el usufructo, el derecho de uso es más limitado. Mientras que el usufructuario puede arrendar el bien, el titular del derecho de uso no tiene esa facultad.

Uno de los casos más relevantes en el contexto de las subastas judiciales es el derecho de uso de la vivienda familiar, que suele originarse en procesos de divorcio. En estos casos, una sentencia judicial puede conceder el derecho de uso a uno de los cónyuges hasta que los hijos del matrimonio alcancen la mayoría de edad o la independencia económica.

Cuando este derecho aparece en una certificación de cargas, ya sea como carga anterior o posterior, es crucial analizarlo exhaustivamente. La inclusión en la certificación significa que está amparado por la Publicidad Registral. Un derecho registrado tiene prioridad, y si la expareja no ha inscrito su derecho, cualquier solicitud de preferencia de uso será desestimada.

El derecho de uso debidamente inscrito en el registro de la propiedad puede ser interpretado de manera diferente, lo que complica la decisión del asesor en subastas sobre si incluirlo como una posible subasta cisne o descartar.

Para tomar una decisión informada:

1. **Carga Anterior**: Si el derecho de uso es una carga anterior, lo más prudente es descartarla. En estos casos, no se trata de pagar, sino de esperar a que los términos del derecho expiren para obtener la posesión. La caducidad de estos derechos puede ser difícil de predecir, ya que la ley estipula que los menores deben alcanzar la independencia económica, un concepto amplio y ambiguo.

2. **Carga Posterior**: Aunque pueda parecer que el derecho de uso se cancelará tras la subasta, es importante estar alerta. Los jueces suelen proteger a la familia y podrían demorar la entrega de la posesión. En este escenario, podría ser necesario interponer una demanda por precario. Existen casos donde el adjudicatario ha conseguido la posesión solo después de años de litigio.

Participar en una subasta con un derecho de uso como carga posterior puede ser viable, pero debe tenerse en cuenta que el proceso puede durar años. Este coste financiero debe considerarse en el ROI, y la puja debería ser significativamente baja para que valga la pena.

Aspectos a favor del Potencial cliente adjudicatario:

No es fácil que una sentencia que atribuya el uso de la vivienda familiar a uno de los cónyuges sea inscrita en el Registro de la Propiedad. Para que se realice la inscripción, el documento debe cumplir con varios requisitos:

- No se puede inscribir un derecho de uso indeterminado.
- La inscripción debe respetar los principios hipotecarios, especialmente el de "tracto sucesivo".
- La sentencia de divorcio no se inscribirá si atribuye el uso a un cónyuge que figura como titular registral con carácter privativo.
- La parte del bien que no pertenece al otro cónyuge no se puede inscribir.
- Si hay un usufructo inscrito a nombre de un tercero, no se puede inscribir el derecho de uso.
- La duración del derecho de uso no se debe indicar.

***Otros matices que debes tener en cuenta del tratamiento de las cargas***

## Situación real de la carga anterior

En la mayoría de las subastas judiciales, no se dispone de información precisa sobre el saldo de las deudas anteriores al momento de la subasta. Esta información suele ser difícil de obtener. Sin embargo, es una responsabilidad del juzgado encargado de la ejecución, requerir el saldo actualizado de las cargas anteriores a los acreedores hipotecarios y publicarlo en el portal del BOE. Además, el juzgado debe solicitar a cada uno de los acreedores anteriores la actualización de sus respectivas cargas. Lamentablemente, este dato no lo incluyen o, lo peor, los juzgados no lo investigan.

**El pago de las cargas anteriores**

Después de la adjudicación, el primer paso es localizar a los titulares de las cargas anteriores, revisar detenidamente el saldo de la deuda pendiente y proceder al pago correspondiente.

Sin embargo, recomiendo en primer lugar efectuar el depósito de estos montos en el juzgado en lugar de pagar directamente a los acreedores. De esta forma, el juzgado gestionará la liquidación de la deuda, calculando los intereses correspondientes. Además, esto garantiza que el acreedor calculará el monto con precisión, cumpliendo estrictamente con las condiciones establecidas en la escritura hipotecaria.

En el caso de las hipotecas, es importante considerar la posibilidad de subrogarse en la deuda con el banco. Algunos acreedores permiten esta opción, mientras que otros no. Si el banco no aprueba la subrogación y declara el crédito vencido, se deberá pagar la totalidad de la deuda de una sola vez.

Como alternativa, se puede optar por pagar las cuotas hipotecarias sin formalizar la subrogación. Si el banco detecta esta modalidad, evaluará si le conviene continuar así o, por el contrario, considerará el crédito vencido y exigirá el pago inmediato del total del crédito.

## Las afecciones fiscales: ¿qué son?

Es una nota marginal, presente en la Nota Simple y/o en la Certificación de Cargas. Se trata de un asiento, normalmente al margen de una inscripción o anotación, que indica que la finca está sujeta a ciertas responsabilidades fiscales debido a deudas tributarias que afectan al inmueble y que pueden ser reclamadas por Hacienda, incluso, al nuevo propietario dependiendo de la situación. Las afecciones más comunes son las referidas al Impuesto de Transmisiones Patrimoniales, que significa que Hacienda podría efectuar revisiones posteriores a la inscripción en el registro de la finca, y si encuentra discrepancia, las reclamará.

## Estás aquí, ahora, y este es el momento

Lo sé. Este capítulo ha sido intenso, muy didáctico y técnico. Pero hay conocimiento que no puede transmitirse de otra forma, debe ser claro y conciso. A veces, la vida nos presenta desafíos que parecen tan abrumadores, retos con los que medirnos. Es fácil sentir que estamos solos en la oscuridad, luchando por encontrar ese punto brillante que nos guíe. Pero, ¿qué pasaría si te dijera que cada una de esas pruebas es un paso hacia el futuro que deseas? Ley de la atracción, acuérdate.

Así como cuando miras al cielo y decides que, a pesar de todo, vas a seguir buscando esas estrellas, a pesar de que a veces parecen inalcanzables, debes seguir avanzando. Cada carga es un reto, sí, pero también una oportunidad para demostrarte a ti mismo de qué estás hecho. No te rindas. Usa cada herramienta, cada conocimiento que has adquirido en este capítulo, y aplícalo con valentía.

No se trata solo de ganar una subasta o entender una certificación. Se trata de forjar tu camino, de construir tu futuro con cada decisión que tomas. La vida te está esperando, así que da ese paso, toma la iniciativa y demuestra que estás aquí para vivirla al máximo. Estás aquí, ahora, y este es el momento.

Y prepárate, porque en el próximo capítulo entraremos en otras subastas. Hasta ahora hemos explorado principalmente las subastas judiciales, pero en las próximas líneas te hablaré de las de Hacienda y las Notariales. Me encantan estas subastas, pero como todo tiene sus pros y sus contras, vamos a verlo.

Capítulo 9

# LAS OTRAS SUBASTAS

*"El negocio inmobiliario se hace al comprar, no al vender".*
**Warren Buffet**

Hay un momento exacto en el que decides que mereces algo mejor, que tu vida puede subir de escalón, que el mundo, como lo conocías hasta ahora, se te queda pequeño y que necesitas dar un giro de timón. Sí, existe ese instante. Yo lo he vivido, lo he sentido y digerido hasta comprender que hay mucho más para mí que estar peleando por demasiado poco. Ese momento exacto me llegó cuando descubrí el mundo de las subastas inmobiliarias.

Ya lo has visto, llevamos nueve capítulos y en todos ellos he puesto todo mi conocimiento a tu servicio. En todas estas líneas y palabras hay amor por lo que hago y la certeza de que, si tú también lo haces, podrás atraer toda la abundancia del universo. Y esta no es una afirmación vacía y sin fundamento, es la ley de la atracción que funciona más cuanto más sientes que puedes hacerlo. Tú, como yo, manifestamos sueños, la diferencia entre los que se cumplen y los que no, es cómo avanzamos hacia ellos. Si lo hacemos desde la escasez, desde una mentalidad de negación, de conflicto, nunca llegaremos a la cima y, además, el miedo será nuestro dueño. Pero si vibras en la frecuencia de la perseverancia y la autoconfianza, si eres consciente de que las oportunidades atraen oportunidades, que creer es crear y que el mundo gira cada día para que tú logres ir un paso más allá, entonces sí, estás cerca de conseguirlo.

Todo ocurre si dejas que ocurra. Así que en esta recta final, quiero que nos centremos en las otras subastas. Esas que debes tener en cuenta también en tu día a día y que pueden ayudarte a lograr tus objetivos económicos y vitales.

## Las subastas de la agencia tributaria (AEAT)

Empecemos con lo más interesante: **las ventajas**. Una de las más notables es que, en las subastas de la Agencia Tributaria, el ciclo de Retorno de la Inversión suele ser más corto. Esto significa que tu cliente ideal puede ver los frutos de su inversión más rápido, lo que viene genial para cubrir su necesidad de mantener un flujo constante en su plan de crecimiento financiero.

Sin embargo, como todo en la vida, también tiene su lado menos favorable. **La gran desventaja** es que no te garantiza la posesión del bien adjudicado. Este detalle puede complicar un poco las cosas, especialmente si te encuentras con situaciones inesperadas, como la que me sucedió en mi primera inversión en subastas.

Permíteme contarte mi experiencia. Decidí hacer mi primera puja en una subasta de Hacienda, y tras un análisis exhaustivo, me lancé a por un parking que me parecía una excelente oportunidad. El proceso fue rápido y eficiente en cuanto a la documentación. Pero cuando intenté tomar posesión del parking, me encontré con un coche aparcado en mi nueva propiedad. Después de un breve, pero frustrante intercambio con la administradora de la finca y el presidente de la escalera, descubrí que el coche pertenecía a un extranjero que solo venía de vez en cuando al país y que, al parecer, tenía un contrato de alquiler.

Aquí es donde las cosas se ponen interesantes. Aunque el parking estaba ocupado, me tranquilizó saber que los parkings están fuera del alcance de la Ley de Arrendamientos Urbanos (LAU).

Esto significa que, una vez que tienes el Decreto de Adjudicación en mano, puedes tomar posesión sin importar si existe un contrato de alquiler vigente.

El desafío, sin embargo, fue localizar al dueño del coche. Después de un poco de persistencia y la ayuda de un vecino, logré contactar con él y llegamos a un acuerdo: continuaría pagando el mismo alquiler hasta que yo lograra vender el parking. No fue tan rápido como esperaba, pero al final, la situación se resolvió de manera satisfactoria.

Este ejemplo subraya que, aunque las subastas de la Agencia Tributaria pueden ser una excelente oportunidad para adquirir bienes a buen precio, debes estar preparado para lidiar con situaciones inesperadas, especialmente cuando se trata de la posesión del bien.

Recuerda que Hacienda no perdona. Si tienes deudas con ellos y no pagas, van a ir por tus bienes, y tienen todo el respaldo legal para hacerlo, a través del Reglamento General de Recaudación (RGR), que en sus artículos del 98 al 150 detalla el procedimiento para la ejecución de bienes, incluidas las subastas.

Desde septiembre de 2018, todas las subastas de la Agencia Tributaria se realizan electrónicamente a través del Portal del BOE, lo que ha hecho el proceso más accesible y eficiente, pero también requiere que estés bien informado y preparado. Al interpretar este reglamento, ten en cuenta que se aplica tanto a bienes muebles como inmuebles, por lo que es vital entender las diferencias y matices que pueden surgir.

Las subastas de la Agencia Tributaria ofrecen grandes oportunidades, pero como cualquier inversión, requieren conocimiento, paciencia y una buena estrategia para sortear los posibles obstáculos. Con la preparación adecuada, puedes convertir estas subastas en una oportunidad de inversión con verdadera rentabilidad para ofrecer a tu cliente ideal.

## Actuaciones previas a la enajenación de bienes

Valoración y fijación del precio del bien (art 139)

> *1. Los órganos de recaudación procederán a valorar los bienes embargados con referencia **a precios de mercado** y de acuerdo con los criterios habituales de valoración. (...)*
>
> *6. El importe de la valoración servirá como **tipo para la subasta** o concurso. Si sobre los bienes embargados existiesen cargas o gravámenes (...) servirá como tipo para la subasta la **diferencia entre el valor de los bienes y el de las cargas** o gravámenes anteriores y preferentes al derecho anotado.*

Las valoraciones que realiza Hacienda tienen como objetivo principal establecer el Valor Tipo, también conocido como Valor de Subasta (VS), que sirve como base y punto de partida para el proceso de pujas y adjudicación de bienes. En las subastas judiciales, este valor ya está determinado en la escritura de hipoteca, pero en las subastas de Hacienda, al tratarse de un embargo de bienes sin escritura hipotecaria, este valor no está previamente establecido. En su lugar, Hacienda debe determinarlo conforme al artículo 139 del Libro Tercero del Reglamento de Recaudación de la AEAT, titulado "Valoración y fijación del tipo".

Es importante destacar que, en muchos casos, las valoraciones de inmuebles realizadas por Hacienda y publicadas en el portal pueden diferir significativamente del Valor Real Actual de Mercado. Por ello, es fundamental realizar una valoración independiente para obtener una estimación más precisa y poder calcular el Retorno de la Inversión (ROI) de manera más exacta.

Además, el artículo mencionado subraya que al Valor de Subasta indicado en el portal se le deben restar las Cargas Anteriores. Este es un dato vital, ya que te permitirá conocer de antemano el monto que el adjudicatario deberá asumir por este concepto.

Títulos de Propiedad (art. 140)

> *1. Si al serles notificado el embargo, los deudores no hubiesen facilitado los títulos de propiedad de los bienes inmuebles, créditos hipotecarios o derechos reales embargados, el agente de recaudación, al tiempo que se fija el tipo para la subasta, les requerirá para que los aporten, en el término de* ***tres días a*** *los deudores residentes en la propia localidad, y en* ***quince días*** *a los no residentes.*

En este artículo, se establece que se notificará a los deudores sobre el embargo, solicitándoles la documentación que acredite la titularidad del bien, es decir, que demuestren ser los propietarios.

Es en este punto donde pueden surgir las tercerías de dominio, ya que las notificaciones podrían ser recibidas por un tercero poseedor que resida en la vivienda que antes pertenecía al deudor. En tal caso, Hacienda podría intervenir para resolver la situación o, simplemente, optar por no sacar el bien a subasta.

Enajenación

*Artículo 143.- Formas de enajenación.*

*1.(...) la enajenación de los bienes embargados se llevará a efecto mediante subasta pública, concurso o adjudicación directa, según se establece en este capítulo.*

*3.(...) Realizada la notificación y el anuncio de la subasta, para la celebración de esta mediarán, al menos, quince días.*

La notificación se realizará a todas las partes involucradas, que son:

- El deudor.
- El cónyuge, en caso de tratarse de la vivienda familiar o de bienes gananciales.
- Los acreedores hipotecarios o posteriores a la anotación de embargo.
- Los copropietarios o terceros poseedores, si los hubiera.

## Rol del asesor en las subastas

Además de seguir todas las actuaciones previas que establece el reglamento de Hacienda para las subastas, como asesores debemos realizar nuestro propio análisis detallado de la subasta. Para ello, seguiremos el Método Arza paso a paso que, como sabes, incluye:

1. Capta viviendas en subasta.

2. Crea la Subasta Cisne.

3. Presenta de la Subasta Cisne al cliente.

4. Participación y puja.

Veamos a continuación cada uno de los pasos.

### *1. Capta viviendas en subasta: preanálisis*

El primer paso es buscar subastas en el portal del BOE, ajustando los parámetros a las necesidades del cliente. Luego, hacemos un primer análisis de la documentación, revisando las cargas anteriores que aparezcan en la Nota Simple y evaluando la posesión del inmueble.

También usamos Google Maps para visualizar la ubicación de la propiedad y su entorno, obteniendo una primera impresión del inmueble.

### *2. Creación de la Subasta Cisne: el análisis exhaustivo*

Cuando se trata de subastas de la Agencia Tributaria (AT), el análisis varía un poco: en lugar de revisar cuatro pilares, nos centramos en dos:

- **Nota Simple:** Aquí revisamos tanto las cargas anteriores como las posteriores al embargo. En este tipo de subastas, identificar las cargas es más sencillo, ya que el embargo de Hacienda sirve como referencia y nos permite verificar lo que está inscrito en el Registro antes de esa anotación.

- **Posesión:** En este aspecto, hay ventajas y desventajas frente a las subastas judiciales:

  - **Ventajas:** Hacienda investiga más a fondo la situación de posesión del inmueble y proporciona detalles en el portal, como la existencia de contratos de arrendamiento y su vigencia. Incluso, en algunos casos, se incluye el contrato. Aun así, el asesor en subastas debe hacer una investigación exhaustiva, visitar el inmueble y seguir las pautas descritas en el capítulo 4 del método.

  - **Desventajas:** A diferencia de las subastas judiciales, no contamos con un expediente judicial que nos ofrezca información sobre el propietario o el deudor. En este caso, será necesario hacer una investigación directa, tocando puertas y obteniendo la información de manera más proactiva.

### *3. Presentación de la Subasta Cisne al cliente*

Una vez que la subasta ha sido debidamente filtrada y analizada, procedemos a presentarla a nuestro cliente ideal o a publicarla en portales inmobiliarios. Para ello, aplicamos las estrategias recomendadas por el método, que incluyen:

- Utilizar herramientas de marketing digital para su promoción.
- Hacer una valoración precisa del inmueble.
- Realizar un cálculo operativo de la inversión (ROI), con una estimación de los beneficios que se podrían obtener en la subasta.

### *4. Participación y adjudicación del bien*

Finalmente, llega el momento clave: la participación en la subasta. Es fundamental seguir todas las reglas que establece Hacienda para este proceso. A continuación, se detallarán las condiciones y cómo impactan a los postores en estas subastas.

## La Subasta de Hacienda en el Portal del BOE

Encontraremos en el Portal de Subastas del BOE las características y condiciones bajo las que se regirá la ejecución de embargo y que podríamos resumir así:

### *1. Información General*

- Descripción del bien: Valor de Subasta (o tipo), depósito, tramos entre pujas, etc.
- En la pestaña "Bienes" encontraremos la documentación: Nota simple, fotos, valoraciones, etc.

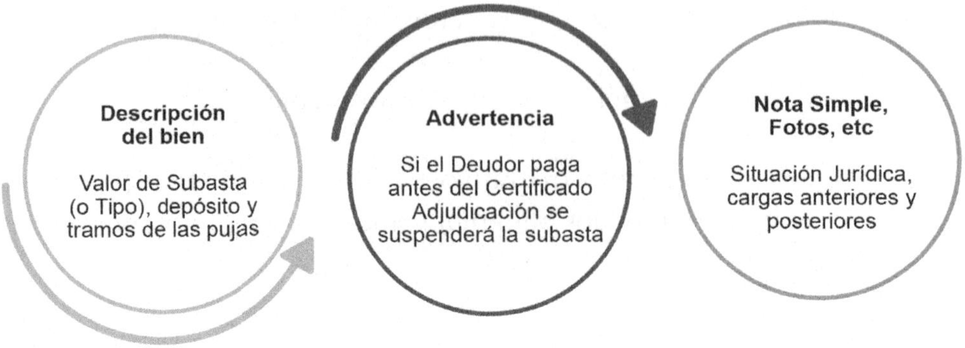


## 2. *Condiciones para participar*

- Usuario: crearlo en el BOE y además la Firma electrónica para acceder
- Valor de Subasta (o tipo), depósito, tramos entre pujas, etc.
- Constituir un depósito del 5 % del valor de subasta para poder pujar.
- El Remate: pagar la diferencia entre el depósito y la puja ganadora.

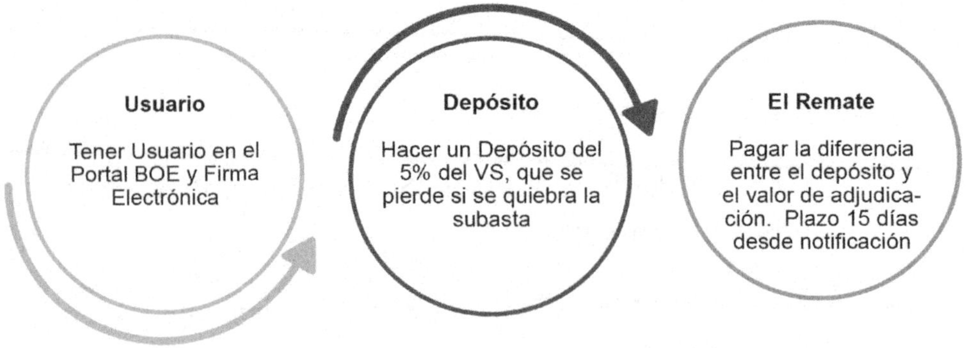

En cuanto al pago del remate, además de la opción de tener que hacerse a los 15 días contados a partir de la notificación de la adjudicación, Hacienda ofrece la posibilidad de que el remate se pague a la fecha de efectuarse la escrituración del bien en el Registro de la Propiedad. Todo, por supuesto, con previa notificación.

### *3. Actuaciones y requerimientos de AT*

- Duración: las subastas estarán activas en el portal 20 días naturales y se extenderá 24 horas más si hay más pujas.
- Al realizar la primera puja, el postor deberá indicar si desea dejar su postura en reserva.
- Al finalizar la subasta, se devolverán todos los depósitos, excepto la puja más alta y las posturas dejadas en reserva.

## Las Reglas de las pujas

Al tratarse de la Agencia Tributaria como demandante, el procedimiento se simplifica. Hacienda tiene como objetivo recuperar la totalidad de la deuda o, en su defecto, la mayor cantidad posible. A continuación, revisaremos los supuestos establecidos en el Reglamento General de Recaudación (RGR):

*1. La Puja ganadora será aquella que, siendo la más alta, sea igual o superior al 50 % del VS*

*2. Si la puja fuese inferior al 50 % del VS, la Mesa decidirá si la oferta es suficiente, decidiendo la adjudicación del bien o declarándola desierta.*

*3. En caso de que el adjudicatario quiebre la subasta, se le adjudicará a la mayor oferta de los postores que han dejado su postura en reserva.*

*4. La adjudicación acordada por la Mesa de Subastas quedará en suspenso durante el plazo en el que, según la legislación aplicable, los interesados puedan ejercer su derecho de adquisición preferente.*

**Las Pujas**

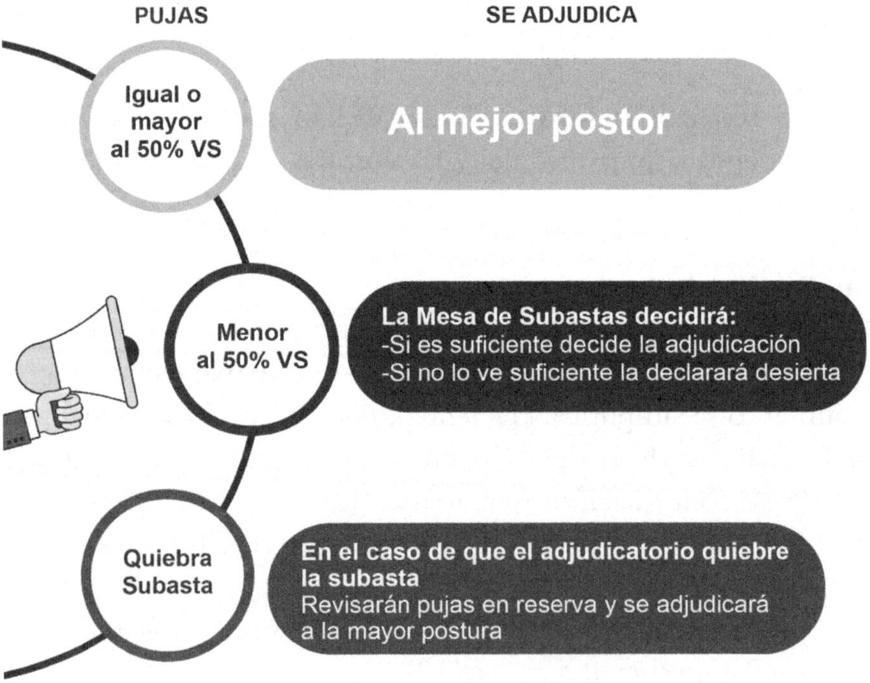

Es importante destacar que, según el segundo supuesto (pujas inferiores al 50 % del Valor de Subasta), todas las ofertas serán consideradas por la Mesa de Subastas. Los motivos para aceptar o rechazar una puja pueden variar. Por ejemplo, la Mesa podría considerar que una oferta del 45 % es insuficiente, mientras que una del 10 % podría parecer razonable. Esto dependerá de varios factores, como el monto de la deuda, si el deudor posee otros activos, y el interés de Hacienda en minimizar la pérdida patrimonial del demandado.

### *Actuaciones después de la Subasta*

Al finalizar la subasta en el portal del BOE, los resultados son enviados a la AEAT, que se encarga de gestionar los trámites posteriores a través de la "Mesa de Subasta", compuesta por:

- Presidente.
- Secretario.
- Uno o más vocales.

Esta Mesa de Subasta se reúne y, en un plazo máximo de 15 días tras el cierre de la subasta, emite el Decreto de Aprobación de Remate. Este procedimiento es similar al de las subastas judiciales, con la diferencia de que, en esas, el dictamen lo realiza un Letrado de la Administración de Justicia designado por el juzgado.

Una vez adjudicado el bien, la Mesa autoriza la emisión del Certificado de Adjudicación, junto con el Mandamiento de Cancelación de Cargas, que ordena al registrador la cancelación del embargo de Hacienda y de todas las inscripciones o anotaciones posteriores.

Por último, si no se realiza ninguna adjudicación, el organismo de recaudación puede proponer al órgano competente la adjudicación del bien a la Hacienda Pública como pago de las deudas no cubiertas.

## Características especiales de las subastas de la agencia tributaria (AEAT)

### *La AEAT no da la posesión*

Ya habíamos comentado en otro capítulo la importancia de tener presente que solamente el JUEZ puede dar la posesión del bien. Por lo tanto, si nos encontramos con que la vivienda está ocupada por personas no autorizadas, se tendrá que iniciar un procedimiento judicial de DESAHUCIO POR PRECARIO o negociar con el ocupante, que es la opción que siempre recomiendo en primera instancia.

La situación posesoria del bien, no es información que en muchos casos La Agencia Tributaria indique en el portal. En el caso de que conozca que existen inquilinos, entonces lo indicará claramente en el Portal. En los demás casos indicará que NO consta esta información o, sencillamente, no indica nada. Será entonces importante seguir los pasos del Método ARZA para averiguar la verdadera situación posesoria del bien y actuar en concordancia.

### *Las Tercerías de Dominio*

Si nos encontramos en la situación en la que el demandado, quien se supone es el propietario del bien, no figura en el Registro de la Propiedad porque no inscribió el inmueble al momento de la compra, y aún aparece el anterior propietario, podría surgir un problema. Si ese antiguo propietario vende el inmueble a otra persona, nos encontramos con un caso de tercería de dominio o un tercer poseedor del bien.

Cuando el demandado, creyéndose el propietario legítimo, se entera de esta situación, puede iniciar un procedimiento llamado "Protección de su vivienda". Esto genera la suspensión de la subasta y el levantamiento del embargo, lo que causa una pérdida de tiempo para todos los involucrados en el proceso.

Este tipo de situación es más común en las subastas de Hacienda en comparación con las judiciales. En las ejecuciones hipotecarias, el banco o el acreedor suele realizar una revisión exhaustiva antes de interponer la demanda. Si se detecta un problema de este tipo, se soluciona rápidamente.

### *Hacienda como juez y parte*

Al ser la Agencia Tributaria tanto el acreedor como la entidad que organiza y administra la subasta, podría surgir un conflicto de interés. En caso de cometerse algún error por parte de Hacienda, puede resultar más complicado que asuman su responsabilidad y compensen de manera justa al postor ganador o al adjudicatario, si ya se ha llegado a esa fase.

Sin embargo, las probabilidades de que la AEAT cometa fallos en el proceso son menores en comparación con las subastas judiciales. Hacienda tiende a ser más rápida y eficiente en sus gestiones. Además, el equipo de atención a los participantes de la subasta es generalmente más accesible y eficaz.

### *Tanteo y retracto*

En los casos en los que exista derecho de tanteo o retracto, Hacienda informa a los beneficiarios antes o después de la subasta para que puedan ejercer ese derecho por la vía judicial. Si es necesario, Hacienda suspende la subasta hasta que se conozca el resultado judicial.

También sucede que algunas delegaciones, al saber que el inmueble está ocupado por un inquilino y tras recibir una respuesta de interés por parte de los beneficiarios, adjudican directamente al arrendatario. En estos casos, se aplica el tanteo, ya que la adjudicación aún no ha ocurrido.

### *Acceso al expediente*

En las subastas judiciales, en algunos juzgados, lamentablemente no en todos, te dan acceso al expediente judicial, lo que puede ser una gran ventaja para identificar riesgos a tiempo. Sin embargo, en las subastas de Hacienda, no se permite el acceso al expediente interno, donde se encuentran datos claves para la investigación.

La ventaja de poder revisar el expediente judicial es que, si somos minuciosos, podemos detectar errores a tiempo. En cambio, si es Hacienda la que comete un fallo, no podremos evaluar con precisión la magnitud del error. Al ser juez y parte, Hacienda puede beneficiarse de esta situación, lo que podría perjudicar a nuestros clientes si las decisiones no son favorables.

### *Ciclo de retorno de la inversión*

En mi experiencia, las subastas de la Agencia Tributaria suelen ser más rápidas que las judiciales, lo que impacta directamente en el ciclo de retorno de la inversión (ROI). Además de que las gestiones administrativas son más eficientes, el tiempo para el remate es menor: Hacienda establece un plazo de 15 días naturales para pagar el remate, mientras que en las subastas judiciales este plazo es de 40 días.

Asimismo, la emisión del Decreto de Adjudicación en las subastas de Hacienda tarda entre 1 y 3 meses en promedio, mientras que en las subastas judiciales este proceso puede extenderse hasta 6 meses.

A continuación, intentaremos reflejar este proceso en el siguiente esquema:

Nota tiempos aproximados

## Caso de estudio real

Es el momento de que veas cómo aplicar todo este conocimiento. Pasemos de la teoría a la práctica con el siguiente caso de estudio real, paso a paso, analizando sus características y matices.

Este ejemplo se refiere a un caso de una ejecución de un Embargo de Hacienda. Dado que nuestro objetivo es profundizar en el análisis de las cargas, presentaremos los textos tal como aparecían en la Nota Simple, reemplazando únicamente los nombres de los titulares de las hipotecas para proteger la privacidad. A continuación, examinaremos cada detalle:

***Análisis inscripción 2ª***

*CARGAS PROPIAS:*

*- Con una* **hipoteca** *constituida sobre la misma y cuarenta y cuatro más del mismo inmueble, por su entonces propietaria "Construcciones Inmobiliarias, S.A.", a favor de la CAJA DE PENSIONES PARA LA VEJEZ Y DE AHORROS DE CATALUÑA Y BALEARES, en garantía de sesenta y siete millones ochocientas mil pesetas prestadas, equivalentes a 407.486,20 euros, del pago de sus intereses por el plazo de tres años a razón de los catorce enteros diez centésimas por ciento anual, hasta un máximo de diecisiete enteros con diez céntimos por ciento anual, de la comisión de uno y medio por mil trimestral, sobre el capital inicial, así como de la cantidad de seis millones setecientas ochenta mil pesetas –40.748,62 euros- para costas en perjuicio de tercero. Responde esta finca de las siguientes cantidades: un millón cuatrocientas mil pesetas –8.414,16 euros- de capital, intereses y comisión correspondientes y de ciento cuarenta mil pesetas –841,16 euros- para costas, con una cuota de amortización trimestral de sesenta y seis mil quinientas cincuenta y cuatro pesetas con setenta y un céntimos –400 euros-. Por plazo de once anualidades, a partir del día primero de octubre de mil novecientos ochenta.* ***Tasada*** *en la cantidad resultante de la suma del capital*

*de que responde más el setenta y cinco por ciento. Fue constituida mediante escritura otorgada en esta ciudad, el tres de julio de mil novecientos setenta y nueve, ante su notario don Francisco Longo Sanz, cuya primera copia produjo la inscripción 2ª, vigente, fecha nueve de noviembre de mil novecientos setenta y nueve, de la finca 92.587, al folio 27 del tomo 1753 libro 1419, y extensa a que la misma se remite que es la 2ª de igual fecha de la finca 92.581, al folio 21 del mismo tomo y libro. HIPOTECA*

## 1. ¿Es la carga que se ejecuta?

Por varias razones se ve claramente que NO lo es, pero enumeramos solo 2 aspectos relevantes

- Porque al pie de la inscripción el Registrador no está incluyendo la nota donde indica que se encuentra "Subsistente y sin cancelar".
- En esta inscripción 2ª se menciona una hipoteca que fue constituida por su entonces propietaria "Construcciones Inmobiliarias, S.A.", y ya conocemos que se está ejecutando un Embargo de la Hacienda Pública.
- Pero igualmente la debemos analizar en función de determinar si sería una carga anterior. Vamos a ello:

## 2. Investigar la vigencia de la hipoteca

En la frase "Por plazo de once anualidades, a partir del día primero de octubre de mil novecientos ochenta", nos indica que el plazo acordado para el pago son 11 años y contaban a partir del 1° de octubre de 1980 y con vencimiento el 1° de octubre de 1991. Por lo tanto, esta hipoteca está más que caducada, y asumimos que tuvo que haber sido pagada, de lo contrario se hubiese demandado y dicha demanda aparecería indicada por el Registro al pie de la inscripción 2ª.

Por lo tanto, concluimos que NO es una carga anterior, lo único es que se tendrá que cancelar registralmente para limpiar la Nota Simple.

### *Análisis inscripción 5ª*

Esperaba encontrar la inscripción 3ª a continuación, pero en su lugar, tenemos directamente la Inscripción 5ª. Las Inscripciones 3ª y 4ª ya no están presentes, probablemente porque han caducado y, lo más positivo, han sido canceladas registralmente. Esto significa que tenemos dos cargas menos que analizar.

> *- Con otra hipoteca constituida sobre la finca 92.587 por don Pepito Pérez y doña María Magdalena, a favor del "BANCO DE CRÉDITO Y AHORRO, S.A.", en garantía de un préstamo de SEIS MILLONES DE PESETAS, -equivalentes a 36.060,72 euros- por principal del préstamo; TRES MILLONES CUATROCIENTAS VEINTE MIL PESETAS -20.554,61 euros- por tres años de intereses ordinarios al tipo pactado del catorce por ciento y hasta un máximo de cinco puntos más, es decir del diecinueve por ciento; TRES MILLONES CIENTO VEINTE MIL PESETAS -18.751,57 euros- por dos años de intereses de*

*demora al tipo pactado del veintiséis por ciento; y UN MILLÓN QUINIENTAS MIL PESETAS -9.015,18 euros- en concepto de costas y gastos. El préstamo permanecerá en vigor desde el día del otorgamiento hasta el diecinueve de diciembre del año dos mil uno. Tasada en seis millones de pesetas -36.060,72 euros-. Fue constituida mediante escritura autorizada por el notario de esta ciudad, don Joaquin Julve Guerrero, el veinte de diciembre de mil novecientos noventa y uno, cuya primera copia produjo la inscripción 5ª, vigente, fecha veintisiete de marzo de mil novecientos noventa y dos, de dicha finca 92.587, al folio 64 vuelto, del citado tomo 2125.*

### 1. ¿Es la ejecución objeto de la subasta?

Por varias razones se ve claramente que NO lo es, pero enumeramos solo 2 aspectos relevantes:

- Porque al pie de la inscripción el Registrador no está incluyendo la nota donde indica que se encuentra "Subsistente y sin cancelar".

- La Tasación hecha por el Banco Acreedor NO coincide con el Valor de Subasta indicado en el Portal de Subastas del BOE.

### 2 Investigar la vigencia de la hipoteca

Encontramos 2 frases claves que nos proporcionan información sobre esta hipoteca de la inscripción 5ª:

*a- En la frase "El préstamo permanecerá en vigor desde el día del otorgamiento hasta el diecinueve de diciembre del año dos mil un": 19-12-2001,*

*b- "Fue constituida (...) el veinte de diciembre de mil novecientos noventa y uno: 20-12-1991.*

- O sea, inicio: 20-12-1991
- Finalización: 19-12-2001

Diez años de plazo para el pago. Mismo caso que la Inscripción 2ª, misma conclusión, esta hipoteca está más que caducada, y asumimos que tuvo que haber sido pagada, de lo contrario se hubiese demandado y dicha demanda aparecería indicada por el Registro al pie de la inscripción 5ª.

También es importante considerar que las inscripciones de hipotecas, prescriben totalmente después de 20 años de finalización del pago de la hipoteca. En este caso no hay la menor duda de su caducidad, ya que han pasado sobradamente los 20 años después de su vencimiento.

***Análisis inscripción 7ª***

*- Con otra hipoteca constituida sobre la finca 92.587, por su propietario DON PEPITO PEREZ, a favor de la CAJA DE AHORROS Y MONTE DE PIEDAD DE MADRID, en garantía de un préstamo de CIENTO CINCUENTA MIL EUROS de C.S.V.: 2080582875BACE33 Pág. 5 de 9 princi-*

*pal, DIECIOCHO MESES de intereses remuneratorios al tipo de CUATRO COMA VEINTICINCO POR CIENTO, y de VEINTICUATRO MESES de intereses moratorios a un interés nominal superior en cuatro puntos porcentuales al tipo vigente en el momento del pago, sobre las cantidades adeudadas por todos los conceptos, sin que en ninguno de ambos casos pueda sobrepasarse el límite del TRECE POR CIENTO, y de la cantidad de VEINTIDOS MIL*

*QUINIENTOS EUROS que se estipulan para costas y gastos. La duración del préstamo será de TRESCIENTOS SESENTA meses contados desde la fecha de otorgamiento de la escritura que se dirá. Tasada en CUATROCIENTOS MIL QUINIENTOS EUROS. Fue constituida mediante escritura otorgada en esta ciudad, a veinte de julio de dos mil siete, ante don Hugo Lincoln Pascual, cuya primera copia produjo la inscripción 7ª, vigente, fecha seis de agosto de dos mil siete, de la finca 92.587 al folio 63 vuelto del tomo 2179 libro 1836.*

**EXPEDIDA CERTIFICACIÓN ART. 688 LEY ENJUICIAMIENTO CIVIL.**

*-JUZGADO: JUZGADO DE PRIMERA INSTANCIA NÚMERO 47 DE BARCELONA*

*PROCEDIMIENTO EJECUCIÓN HIPOTECARIA NÚMERO 236/2015-C2.*

*FECHA MANDAMIENTO: trece de marzo del año dos mil quince.*

*NOTA: INSCRIPCIÓN. 7ª.*

*FECHA NOTA.: nueve de abril del año dos mil quince.*

### *1. ¿Es la ejecución objeto de la subasta?*

Por varias razones se ve claramente que NO lo es. Enumeramos los aspectos relevantes para esta inscripción:

- Al pie de la inscripción, el Registrador no está incluyendo la nota donde indica que se encuentra "Subsistente y sin cancelar".
- De acuerdo con la Información del Portal del BOE, el Acreedor hipotecario NO coincide con el Acreedor demandante que es Hacienda.
- Pero cuidado que al pie hay una Nota Marginal donde indica que se inició un procedimiento de ejecución hipotecaria sobre esta Finca, ahora tendremos que investigar sobre la vigencia de la hipoteca y determinar si es realmente un peligro.

### *2. Investigar la vigencia de la hipoteca*

Encontramos 2 frases claves que nos proporcionan información sobre las cargas

*a- En la frase "La duración del préstamo será de TRESCIENTOS SESENTA meses contados desde la fecha de otorgamiento de la escritura que se dirá.*

*b- "Fue constituida (...) Fue constituida mediante escritura otorgada en esta ciudad, a veinte de julio de dos mil siete,*

O sea, 360 meses son 30 años y contaban a partir del 20-07-2007, lo que indica que su vencimiento es el 19-07-2037.

Esta Hipoteca es claramente una carga anterior, está viva porque el periodo de pago no ha caducado. El siguiente paso será solicitar al acreedor demandante que nos proporcione información del saldo de esta deuda. El Procurador nos podría ayudar con este tema. En el caso de las Subastas Judiciales podemos pedir el expediente para su revisión, allí podría haber información al respecto, ya que los Juzgados están obligados a solicitar a los acreedores información actualizada de la deuda. Que luego la compartan o no es otro tema, pero es su obligación.

En este caso en concreto, fue una subasta de Hacienda en la que participé. En el portal del BOE salía que no había Cargas, pero igualmente envié un mail a Hacienda solicitando que me confirmaran que esta carga y las demás estaban canceladas. La respuesta fue que, de acuerdo con su conocimiento, todas las cargas anteriores estaban canceladas. Yo realmente les creí, aunque confieso que tenía siempre el temor de que no fuese así y que al final resultara que tenían saldo y me la tendría que "comer con patatas".

Ganó la subasta, completó todos los pasos requeridos y presentó toda la documentación en el registro para solicitar la inscripción a su nombre y la cancelación registral de las anotaciones 2ª, 5ª y 7ª. El registro inscribió la finca a mi nombre y canceló las inscripciones 2ª y 5ª sin problemas, pero no procedió con la cancelación de la 7ª. A continuación, detallo el procedimiento que seguí para resolver la cancelación de la Inscripción 7ª:

1. **Solicité un Certificado de Saldo Cero:** Me dirigí a la entidad bancaria que había absorbido la Caja de Ahorros de Monte Piedad de Madrid y solicité un certificado que confirmara que la hipoteca estaba saldada. Me proporcionaron el certificado, confirmando que no se debía nada, lo cual fue un alivio.

2. **Llevé el Certificado a la Notaría:** Presenté el certificado de saldo cero en la notaría para que se preparase la escritura de cancelación de la hipoteca.

3. **Firma del Apoderado del Banco:** La notaría preparó la escritura, pero esta debía ser firmada por el apoderado del banco. Aquí surgió un inconveniente: el apoderado se negó a firmar porque la anotación de "Ejecución Hipotecaria" aún no había sido cancelada en el juzgado. El departamento legal del banco debía levantar el embargo en el juzgado.

4. **Abogado y Procurador:** fue necesaria la contratación de un abogado y procurador para que el Juzgado reabriera el expediente y solicitará a los demandantes la confirmación de la cancelación de la deuda. Con esta confirmación, el Juzgado emitió la Certificación de Dominio y Cargas pidiendo al registro la eliminación de la Ejecución hipotecaria. Este proceso tardó lamentablemente unos 6 meses, así que cuidado con estas anotaciones.

***Análisis Anotación de Embargo C y F***

*- EMBARGO ADMINISTRATIVO a favor de la HACIENDA PÚBLICA, en cuanto a la totalidad DEL PLENO DOMINIO de esta finca, seguido contra PEPITO PÉREZ por 20.438,31 euros de principal; 579,70 euros para intereses; un recargo de apremio de 4.087,66 euros; 753 euros para costas e intereses presupuestados; por un total de 25.858,67 euros. Ordenado en procedimiento administrativo de apremio en diligencia dictada el día 13 de octubre de 2014, por el/la Agencia Estatal de la Administración Tributaria en expediente número XXXX amp. Mandamiento librado el día 13 de noviembre de 2014.*

*Según consta en la anotación letra C, al folio 199, del tomo 2759, libro 241X, de fecha 02 de diciembre de 2014.*

**EXPEDIDA CERTIFICACIÓN DE DOMINIO Y CARGAS Y EXTENDIDA NOTA AL MARGEN DE LA ANOTACIÓN LETRA: C.**

*- FECHA NOTA..........: nueve de diciembre del año dos mil catorce*

*- EMBARGO ADMINISTRATIVO a favor de la HACIENDA PÚBLICA, en cuanto a la totalidad DEL PLENO DOMINIO de esta finca, seguido contra PEPITO PÉREZ por 17.926,65 euros de principal; 554,19 euros para intereses; un recargo de apremio de 3.585,32 euros; 753 euros para otros gastos; por un total de 22.819,16 euros. Ordenado en procedimiento administrativo de apremio en diligencia dictada el día 13 de Octubre de 2014, por el/la Agencia Estatal de la Administración Tributaria, en Barcelona Mandamiento librado el día 4 de mayo de 2018. Según consta en la anotación* **letra F**, *al folio 200, del tomo 2759, libro 241X, de fecha 18 de Mayo de 2018.*

*PRORROGADA POR UN PLAZO DE CUATRO AÑOS, en virtud de diligencia de fecha 23 de marzo de 2022 y mandamiento de fecha 30 de marzo de 2022, que ha motivado la anotación G, de fecha once de abril de dos mil veintidós. Ordenado en procedimiento administrativo de apremio en diligencia dictada el día 13 de octubre de 2014, por el/la Agencia Estatal de la Administración Tributaria En Barcelona Mandamiento librado el día 04 de mayo de 2018.*

*Según consta en la anotación letra F, al folio 200, del tomo 2759, libro 241X, de fecha 18 de mayo de 2018.*

**EXPEDIDA CERTIFICACIÓN DE DOMINIO Y CARGAS Y EXTENDIDA NOTA AL MARGEN DE LA ANOTACIÓN LETRA F**, *en virtud del mandamiento que ha provocado la propia anotación.*

*FECHA NOTA: dieciocho de mayo del año dos mil dieciocho*

### *1. ¿Es la deuda objeto de la subasta?*

Por varias razones se ve claramente que SÍ lo es, enumeramos los aspectos relevantes para esta inscripción:

- A pesar de que al pie de la inscripción, el Registrador NO está incluyendo la nota donde indica que se encuentra "Subsistente y sin cancelar", sí está incluyendo la nota de que se está expidiendo certificación de Dominio y Cargas lo cual indica que hay una ejecución de embargo en trámite.

- Siendo una subasta de Hacienda, lo confirma el código de la subasta que normalmente empieza con SUB-TA-XXXX, y observamos en la Nota Simple anotaciones de embargo a favor de la Hacienda Pública, ya no hay más que revisar.

## 2. *Investigar la vigencia del Embargo*

En esta subasta nos encontramos con varios embargos de Hacienda anotados con la letra C, F y hasta una G que mencionan, pero que no aparecía en la Nota Simple.

> *Con qué información tendríamos que quedarnos en este caso:*
>
> **Anotación C.-***FECHA NOTA..........: nueve de diciembre del año dos mil catorce*
>
> *Anotación* **F***, (...) de fecha 18 de Mayo de 2018*
>
> *PRORROGADA POR UN PLAZO DE CUATRO AÑOS, en virtud de diligencia de fecha 23 de marzo de 2022 y mandamiento de fecha 30 de marzo de 2022*

Cada Anotación de embargo se refería a una deuda que crecía en Hacienda a nombre de Pepito Pérez. Me puedo imaginar que cada nuevo embargo representaba el monto de incremento de la deuda inicial.

Y también observamos que Hacienda hace muy eficientemente la gestión de prorrogar las anotaciones cada 4 años, como lo estipula la ley para que las mismas no se caduquen.

Adicionalmente, es muy útil sumar estas deudas, para darnos una idea de a cuánto ascienden las cargas y tener una referencia para establecer el valor máximo de puja.

**Las subasta notariales**

Lo primero de todo es saber que las subastas notariales están reguladas por los artículos 72 al 76 de la Ley del Notariado. En caso de que esta ley no cubra algún aspecto, se aplicarán las disposiciones de la Ley de Jurisdicción Voluntaria (LJV), aprobada en 2015. Esta ley tiene el propósito de desjudicializar numerosos procesos en España, aligerando así la carga de trabajo de los tribunales y asignando nuevas funciones a los notarios.

La publicidad y la celebración de la subasta se regirán por lo estipulado en la Ley de Enjuiciamiento Civil (LEC).

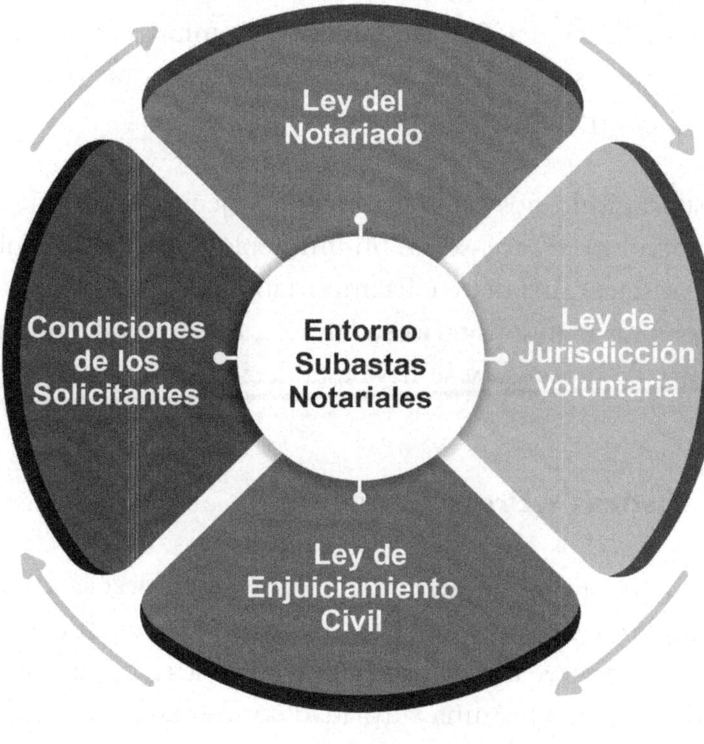

Las subastas notariales se celebran ante notario, pero para que esto sea posible, es necesario cumplir ciertos requisitos. En general, deben ser casos lo suficientemente sencillos para que no sea necesaria la intervención de un juez. En algunos casos, incluso puede ser el propio juez quien derive la subasta al notario.

Al igual que en las subastas judiciales y de la Agencia Tributaria, cualquier persona puede participar en una subasta notarial, siempre que no tenga restricciones legales. Por ejemplo, los funcionarios directamente relacionados con el expediente de la subasta no pueden pujar.

Un aspecto positivo de las subastas notariales es que, aunque se celebran fuera del ámbito judicial, cuentan con las mismas garantías que las judiciales. Sin embargo, los notarios tienen la capacidad de introducir sus propias reglas.

En este capítulo, nos centraremos en las ejecuciones derivadas de una garantía hipotecaria sobre un inmueble que ha sido embargado para satisfacer una deuda. Es importante que para que la subasta pueda celebrarse ante notario, se haya acordado explícitamente en la escritura de hipoteca y se haya establecido un valor de tasación.

## Características y Procedimientos

Una subasta notarial puede ser voluntaria o forzosa. La subasta será voluntaria si el propietario del inmueble decide venderlo extrajudicialmente. En cambio, será forzosa si es una decisión ejecutiva ordenada por una autoridad competente, como un juez.

- Enajenación forzosa: En casos típicos como la división de una propiedad común entre varios propietarios que no se ponen de acuerdo, se puede optar por una venta forzosa ante notario. Esto convierte la propiedad en liquidez que se reparte entre los propietarios, como suele ocurrir en divorcios y herencias.

- Enajenación voluntaria: Cualquiera puede subastar su propiedad ante notario si así lo desea y establecer sus propias reglas, siempre dentro del marco legal. Esto incluye, por ejemplo, ejecuciones hipotecarias en notaría, cuando hay un acuerdo previo entre el deudor hipotecario y el acreedor. Esto evita los trámites judiciales, ahorrando tiempo y costos asociados, y beneficiando al deudor al reducir intereses de mora y costas.

Los notarios tienen la responsabilidad de gestionar la subasta cuando se les solicita. Deben determinar su competencia, la normativa aplicable y los documentos necesarios. También pueden realizar consultas y comunicaciones a distintos organismos, así como publicitar la subasta en el Portal de Subastas.

Para iniciar el proceso, los solicitantes deben proporcionar al notario:

- Acreditación de la propiedad del bien o derecho a subastar, o su legitimación para disponer de él.

- Información sobre la libertad o estado de cargas del bien o derecho.

- Datos sobre la situación arrendataria y posesoria.

- El estado físico del inmueble y/u obligaciones pendientes.
- La tasación para la subasta.
- Cualquier circunstancia que pueda influir en la valoración y la representación con que actúe.
- En el caso de ejecuciones hipotecarias, el acreedor deberá entregar al notario toda la documentación relacionada con la hipoteca a ejecutar.

El notario solicitará electrónicamente al Registro de la Propiedad una certificación de la inscripción de la hipoteca y una certificación registral de dominio y cargas. El registrador deberá expedir la certificación y añadir una nota al margen de la finca o derecho, indicando que está en proceso de subasta. Esta nota tendrá una vigencia de seis meses, salvo que el notario notifique antes el cierre del expediente o su suspensión. En tal caso, el plazo se contará desde la notificación de la reanudación.

Finalmente, es fundamental que el notario realice el requerimiento de pago al deudor para que liquide las cantidades adeudadas. Si no se hace este requerimiento, la subasta podría suspenderse.

## Subastas notariales en el Portal BOE

Es importante prestar atención al anuncio en el BOE, ya que este contendrá fecha, nombre y apellidos del notario encargado de la subasta, lugar de despacho y número de protocolo asignado a la apertura del acta, y la dirección electrónica que corresponda a la subasta en el Portal de Subastas. También se indicarán las condiciones generales y particulares de la subasta y de los bienes a subastar, así como cuantos datos y circunstancias sean relevantes y la cantidad mínima admisible para la licitación.

Si se presentan nuevos títulos que afecten o modifiquen la información inicial, el registrador notificará de inmediato, de manera telemática, tanto al notario como al Portal de Subastas. El BOE deberá actualizar esta información de forma inmediata y hacerla accesible a todos los interesados.

La certificación registral, para bienes sujetos a publicidad registral, podrá ser consultada a través del Portal de Subastas, que también informará sobre cualquier alteración en la titularidad o el estado de cargas. Además, se informará sobre la posibilidad de visitar el inmueble objeto de subasta. Aunque debo mencionar que, en mi experiencia, esto rara vez se ofrece. Es importante recordar que, si el inmueble está ocupado, el notario no podrá entregar la posesión al adjudicatario; esta posesión solo puede ser otorgada por el juez.

El Valor de Subasta o Tipo para las ejecuciones hipotecarias se basará en la tasación realizada al momento del otorgamiento de la hipoteca, que figura en la escritura de hipoteca.

Para otras subastas notariales, el Valor de Subasta (VS) será determinado por la tasación presentada por el solicitante o, en su defecto, por la tasación solicitada por el notario a un perito profesional.

En cuanto a la publicidad y las condiciones de las subastas notariales, se seguirá el proceso establecido por la Ley de Enjuiciamiento Civil, salvo condiciones especiales que se indicarán en la información adicional dentro del Portal. En resumen, para las subastas voluntarias, las reglas serán definidas en mayor medida por los propietarios.

Las condiciones generales en el Portal del BOE son en su mayoría uniformes para todas las subastas, y se refieren a lo siguiente:

- Se requiere usuario y firma electrónica para acceder al Portal del BOE.
- El depósito es igual al 5 % del Valor de Subasta (VS) o al valor que asignen los solicitantes.
- La oferta puede ser dejada en reserva.
- Las pujas se pueden realizar durante 20 días, con una extensión de 24 horas si es necesario.
- El acreedor hipotecario también puede pujar sin necesidad de consignar un depósito.

### Pujas y adjudicación

En el cierre de la subasta, el Portal del BOE enviará al notario una información certificada sobre la postura telemática ganadora, junto con un listado de las ofertas en orden decreciente de importe, fecha y hora de la puja.

Como mencioné antes, para las ejecuciones hipotecarias, la puja ganadora se determinará según las regulaciones de la Ley de Enjuiciamiento Civil (LEC). Sin embargo, en las demás subastas notariales, no hay reglas estrictas sobre cómo debe elegirse la puja ganadora. En estos casos, el propietario del inmueble o el solicitante pueden establecer sus propias normas. Incluso puede suceder que el solicitante se reserve el derecho de no aceptar la puja más alta, a pesar de que supere el valor de subasta establecido.

Una vez se haya decidido el ganador, el notario emitirá una diligencia en la que se detallarán aspectos clave como:

- Las reclamaciones presentadas y la reserva de derechos ante los tribunales.
- La identidad del postor ganador y el precio ofrecido.
- Las posturas que siguen a la ganadora y la identidad de esos postores.
- La confirmación de que se han observado las normas legales durante la subasta.
- La adjudicación del bien o derecho al solicitante.

Si no se presenta ningún postor, el notario lo registrará y declarará desierta la subasta, cerrando así el expediente.

El adjudicatario deberá consignar el pago del resto del precio en un plazo de 10 días hábiles en la entidad homologada al Portal de Subastas, a disposición del notario. Las consignaciones electrónicas de los postores no adjudicatarios serán devueltas. Para aquellos que dejaron su depósito en reserva y no resultaron adjudicatarios, la devolución del depósito se realizará solo después de que se haya abonado el total del precio de la adjudicación. Si el adjudicatario incumple con el pago, la adjudicación se trasladará al siguiente mejor postor que haya solicitado la reserva de su consignación, y el depósito del adjudicatario incumplidor se perderá.

En todos los casos donde la ley exige un documento público para validar la transmisión, el titular o su representante deberá otorgar una escritura pública de venta ante el notario, una vez completado el precio del remate. Si el titular o su representante se niega a otorgar la escritura, el acta de la subasta será suficiente para solicitar un auto correspondiente ante el tribunal.

Finalmente, el notario será responsable de cerrar el acta de la subasta, certificar su conclusión y tramitar la escritura pública de venta a favor del ganador.

## Causas de suspensión de una subasta notarial

La norma también aborda las causas por las que se puede suspender una subasta notarial. Estas son las situaciones en las que la subasta podría cancelarse:

- **Extinción de la obligación**: Si se presenta alguna resolución judicial, aunque no sea firme, que demuestre la extinción o cancelación de la obligación garantizada. En el caso de bienes o créditos registrables, se necesita una certificación del registro correspondiente que confirme la cancelación de la carga, o una escritura pública de carta de pago, o cualquier documento que demuestre una alteración en la titularidad o las cargas del inmueble. En otras palabras, si se prueba que la deuda ha caducado o ha sido saldada, la subasta se suspenderá.

- **Cláusulas abusivas**: Si el notario detecta que el contrato del préstamo hipotecario contiene cláusulas abusivas o poco transparentes que afectan la cantidad exigible, esto puede llevar a la suspensión de la subasta.

- **Duplicidad de procedimientos**: Si se presenta una notificación o un documento autorizado del Consejo General del Notariado que indique que existe otro procedimiento de subasta o de ejecución del embargo sobre el mismo bien inmueble, el notario puede decidir notificar estos hechos al juzgado correspondiente.

- **Título de propiedad falso:** Si se descubre que el título de propiedad o el documento que acredita la titularidad del inmueble es falso, esto podría indicar una posible causa criminal e invalidar el procedimiento de venta, llevando a la suspensión de la subasta.

- **Reclamación de un tercer poseedor:** Si aparece un tercero reclamando su derecho de titularidad sobre el inmueble, el notario debe registrar esta reclamación y verificar su validez.

- **Concurso de acreedores:** Si se prueba que el deudor está en concurso de acreedores, esto puede provocar una paralización temporal de las acciones de ejecución, incluso si la subasta ya está publicada en el BOE. La suspensión solo se levantará si se acredita mediante una declaración del juez del concurso que los bienes no están afectados o no son necesarios para la continuidad de la actividad del deudor. También se levantará si se presenta una resolución judicial que valide el acuerdo alcanzado, o una escritura pública o certificación que concluya el expediente.

- **Suspensión parcial:** Si la causa de la suspensión afecta solo a una parte de los bienes o derechos incluidos en la venta extrajudicial, el procedimiento puede continuar con respecto a los demás bienes, siempre que el acreedor o el promotor del procedimiento lo solicite expresamente.

### Ventajas y Desventajas: ¿Vale la pena ofrecer a nuestro cliente una subasta notarial?

Conociendo las ventajas y desventajas que estas subastas proporcionan, será solo evaluar el alcance de las desventajas, si se tiene suficiente información que nos permita medir los riesgos y minimizarlos con estrategias ya definidas con nuestro cliente, pues adelante, las incluimos en nuestra base de datos y se ofrecen a cliente potenciales.

Empezando por las **ventajas**, una de las mayores en el caso de las subastas notariales es la eficiencia y rapidez con que se manejan en comparación con los juzgados. Los notarios suelen trabajar de manera más ágil, ya que estas subastas a menudo son negociadas y acordadas previamente entre las partes involucradas, lo que acelera el proceso.

Otra ventaja significativa es el menor costo de gestión, en comparación con las subastas judiciales. Si el deudor decide negociar con el banco y optar por una ejecución extrajudicial sin oposición, el proceso puede completarse en solo unos meses. Esto puede suponer un ahorro considerable en intereses de mora y costas, en contraste con los años que podría durar un procedimiento judicial.

Sin embargo, las subastas notariales tienen algunas **desventajas** también. La principal es que el notario no tiene autoridad para resolver ciertos temas, como la posesión del bien o las reclamaciones de terceros. Si surgen incongruencias o reclamaciones, el caso debe llevarse a un juez, lo que puede generar pérdida de tiempo y recursos adicionales.

Además, hay una desventaja específica relacionada con la posesión del bien. Como ya lo había mencionado, el notario no puede otorgar la posesión del inmueble, incluso si el deudor hipotecario ha estado de acuerdo con todo el proceso a través de la notaría. Si al final decide no abandonar la vivienda, esto puede complicar la situación, ya que la posesión es un tema separado que requiere la intervención del juez.

## Poniendo las ideas en orden: recapitulemos lo que hemos visto

Como te he explicado a lo largo de este capítulo, **las subastas de la Agencia Tributaria** son una excelente oportunidad para generar ingresos extraordinarios y diversificar tus inversiones. Conocer sus fortalezas y debilidades es clave para aprovechar al máximo esta opción. Estar bien preparado te permitirá evaluar los riesgos durante la fase de análisis y tomar decisiones estratégicas antes de participar en la subasta.

Una de las principales ventajas de las subastas de la Agencia Tributaria es su rapidez y eficiencia. Esto no solo se aplica a las gestiones previas a la subasta, sino también al proceso posterior a la adjudicación. Gracias a esta eficiencia, el ciclo de retorno de la inversión puede reducirse a la mitad o incluso menos en comparación con las subastas judiciales. Esto significa que tu cliente ideal podrá ver los resultados de su inversión mucho más rápido.

Sin embargo, hay un aspecto a tener en cuenta: la posesión del bien. La Agencia Tributaria no tiene autoridad para otorgar la posesión, lo que implica que deberás investigar a fondo este tema y definir una estrategia clara en caso de que consigas la adjudicación del bien para tu cliente. Aunque este desafío puede parecer complicado, con la preparación adecuada, puedes manejarlo con éxito.

Las reglas para pujar en estas subastas son más sencillas que en las subastas judiciales. La principal diferencia es que, en las subastas de la Agencia Tributaria, no hay un tercero, como un acreedor hipotecario, que compita indirectamente contigo. La Agencia Tributaria puede ser más flexible con la aprobación de las pujas, ya que su objetivo principal es recuperar el monto total de la deuda, que puede ser menos restrictivo que el de un banco.

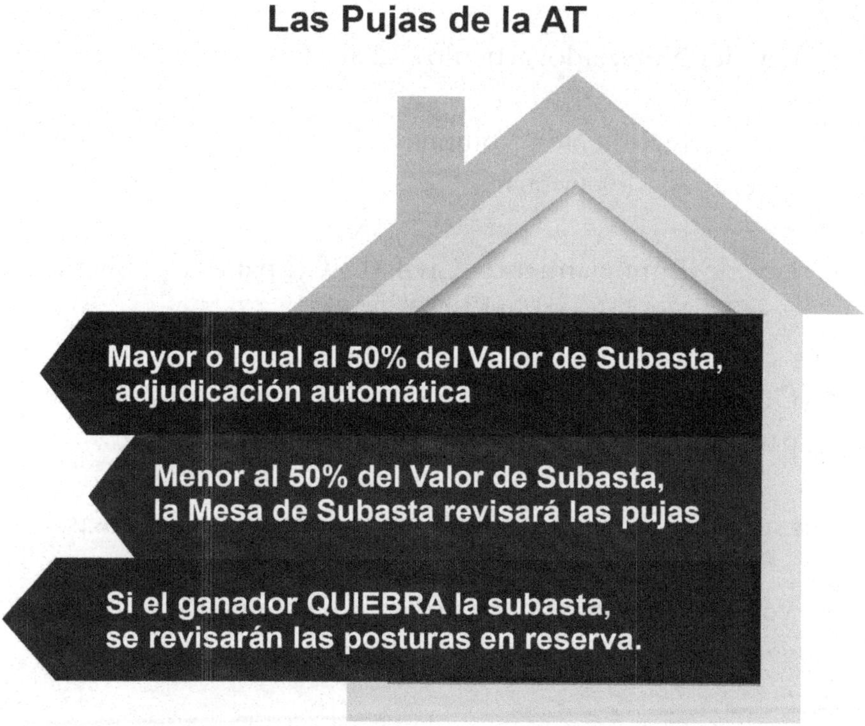


Además, tenemos **las subastas notariales** que, al igual que las de Hacienda, también se presentan como una excelente oportunidad para adquirir bienes inmuebles al mejor precio ofrecido. En este proceso, la notaría actúa como el organismo gestor, encargándose de cumplir con una resolución legal o administrativa.

Toda la información relevante se publica en el BOE (Boletín Oficial del Estado).

Aquí te resumo cómo funciona el marco jurídico que regula estas subastas:

- Ley del Notariado: artículos 72 al 76.
- Ley de Jurisdicción Voluntaria (2015): que otorga nuevas funciones a los notarios.
- Ley de Enjuiciamiento Civil (LEC): para la publicidad y gestión en el portal del BOE.
- Condiciones particulares: que los solicitantes establecen para cada subasta.

Las subastas notariales pueden ser Voluntarias o Forzosas:

- Voluntarias: Cuando los titulares del bien deciden venderlo de manera extrajudicial por su propia voluntad.
- Forzosas: Cuando una autoridad competente, como un juez, ordena la venta.

### *Causas de suspensión en las subastas notariales*

En definitiva, las subastas notariales ofrecen un camino ágil y eficiente para invertir en bienes inmuebles, con la ventaja adicional de un proceso más rápido y menos costoso. Aunque hay que estar atento a ciertos detalles, como la resolución de conflictos y la posesión del bien, con una buena estrategia, puedes aprovechar al máximo estas oportunidades.

***Es el momento de decidir si saltas o te quedas quieto para siempre***

Te lo decía al principio. Existe un momento clave, poderoso y profundo, en el que debes decidir si dar un salto hacia lo que realmente mereces, o simplemente quedarte quieto y estático para siempre. Ese instante en el que tu visión de vida se expande, en el que te das cuenta de que el mundo tal como lo conocías ya no es suficiente, y sientes que es el momento de un cambio radical.

Cada detalle, cada consejo de este capítulo está impregnado de mi convicción y mi deseo de que tú también puedas descubrir el inmenso potencial que hay en el mundo de las Subastas, para mejorar nuestras vidas, para diferenciarte de tus colegas, para ofrecer algo nuevo a tus clientes.

Solo tú puedes determinar tu bienestar, tu crecimiento personal y tu éxito en todos los aspectos de la vida. Aborda cada oportunidad con la misma pasión y determinación que aplicas en las subastas inmobiliarias. No dejes que el miedo o la duda te frenen.

Permítete soñar en grande y dar el paso necesario para convertir esos sueños en realidad. Si mantienes tu enfoque en lo positivo y te atreves a tomar las riendas de tu destino, verás cómo el universo responde a tus acciones. La clave está en creer en ti mismo, en mantenerte firme en tu camino y en saber que cada desafío es una oportunidad para crecer.

Así que, mientras concluimos este capítulo, lleva contigo la certeza de que todo es posible. Sigue adelante con determinación, sigue buscando oportunidades. Que el camino es hacia delante y se hace a cada paso.

El próximo capítulo ya es el último, has recorrido mucho hasta aquí, te felicito por esto, será entonces el momento de afianzar conceptos, de cerrar el ciclo teniendo claro cómo debemos mantenernos en este nuevo camino de cambio y prosperidad y algo muy importante como crecer y alcanzar niveles que ni podíamos imaginar. Ánimo queda muy poco.

Capítulo 10

# CONTROL Y SEGUIMIENTO

*"Ningún conocimiento se puede cultivar sin entusiasmo".*
**Murasaki Shikibuki**

El horizonte está próximo, y esta travesía va llegando a su fin. Durante el viaje he volcado todo mi conocimiento en palabras de tinta impresa sobre papel para que tú también puedas soñar con la vida que mereces. Pero no como un sueño imposible e inalcanzable, sino como un objetivo vital, una meta a la que llegar. Esa vida que deseas existe, es posible y te está esperando. Únicamente debes creer en ello y poner tu sabiduría al servicio de ese objetivo. En mi caso, fueron las subastas inmobiliarias la herramienta que me permitió llegar justo donde quería estar.

Estamos ya en la etapa final de este viaje que hemos recorrido juntos desde el momento en que abriste este libro y te lanzaste a descubrir algo nuevo. Si has llegado hasta aquí, es porque has tomado la determinación de evolucionar, de ser la mariposa que nace de la vieja crisálida. Has decidido moverte de tu zona de confort, abrirte a nuevas oportunidades y, sobre todo, dar un paso firme hacia una vida mejor.

Lo que estás haciendo va más allá de aprender una técnica o un método para incrementar tus ingresos. Estás construyendo una versión más fuerte, decidida y ambiciosa de ti mismo. El hecho de que estés aquí, en este punto del camino, significa que has elegido crecer, aprender y apostar por ti. Es un acto de valentía y de confianza en que el futuro que deseas está al alcance de tu mano.

Así que, mientras nos acercamos al final de este recorrido, quiero que recuerdes algo fundamental: el cambio comienza dentro de ti, y lo estás haciendo realidad. Has plantado la semilla de una nueva vida, una vida llena de posibilidades y éxitos. Esto es solo el principio de todo lo que puedes alcanzar.

**Reafirma tu enfoque: la clave para multiplicar tu éxito y mantener tu progreso**

Has llegado a un punto clave en tu camino: el momento de hacer un balance del proceso, reflexionar sobre lo que ha sucedido, medir los resultados obtenidos y, si es necesario, tomar acciones correctivas. Esta es la etapa en la que se hace una pausa para analizar, aprender y seguir avanzando con mayor claridad.

Y hablando de claridad, te propongo un ejercicio que te ayudará a realizar este autoanálisis. Se trata de un test que he preparado especialmente para ti, para que puedas ver más fácilmente en qué punto te encuentras. Puedes acceder a él a través del siguiente enlace. ¡No te lo pierdas!

https://esc.anea.me/az_60

Lo primero que debes hacer es retomar ese GRAN PLAN que diseñaste al principio. Vuelve a mirar los objetivos que te marcaste, las estrategias que definiste para alcanzarlos y ahora compara las cifras que habías planificado con los resultados reales. Calcula las diferencias y fíjate si has alcanzado o incluso superado lo que te propusiste.

Si los resultados son los esperados o mejor de lo que habías planeado, celébralo. Recompénsate por el esfuerzo y los logros obtenidos, porque estas pequeñas gratificaciones son las que te recargarán de energía para seguir adelante con la misma fuerza y enfoque. Celebrar tus éxitos, además de sentar muy bien, es un reconocimiento necesario para seguir motivado y seguir avanzando con paso firme.

Ahora que has comenzado a ganar dinero de las subastas, que estoy convencida de que así será, si has seguido la metodología y, por ende, a crear fortuna. El desafío es mantenerla e incrementarla. Y para lograrlo es fundamental que mantengas el enfoque en tus grandes objetivos, pero no solo desde un punto de vista externo, sino también trabajando en ti mismo.

Estoy convencida de que la manera más rápida y sólida de alcanzar y conservar riqueza es desarrollarse a uno mismo. Cultivarte desde adentro te convierte en una persona próspera. Tu mundo exterior es simplemente un reflejo de lo que has cultivado dentro de ti. Eres el resultado de tu propio crecimiento, y los frutos que obtienes en la vida son una manifestación directa de ese proceso.

Si te dedicas a desarrollar tu fuerza interior, tu carácter y tu mentalidad, alcanzarás el éxito de forma natural en cualquier proyecto que emprendas. Tendrás la confianza y la capacidad de escoger cualquier negocio, empleo o inversión, sabiendo que tendrás éxito. Este trabajo interno es clave, porque si recibes grandes cantidades de dinero, solo podrás multiplicarlo si tienes esa base sólida. De lo contrario, el dinero que llegue a ti podría esfumarse rápidamente.

Si los resultados no han sido los que planeaste, no te desanimes. Este es el momento de hacer un análisis profundo. Aquí es donde debes revisar tanto los factores externos como los internos:

- Externo: Evalúa las cifras, calcula las variaciones entre el presupuesto y los resultados reales.

- Interno: Examina tu productividad, así como tu entorno personal, emocional y físico.

Este análisis puede llevarte a dos acciones clave:

1. Reajustar el GRAN PLAN: Adaptar las estrategias según lo que has aprendido hasta ahora.

2. Reenfocar tus esfuerzos: Si has perdido el enfoque, es hora de volver a centrarte en lo que realmente importa.

En capítulos anteriores hemos hablado de lo importante que es el enfoque. Para alcanzar tus grandes objetivos, es fundamental mantener la atención en ellos durante todo el tiempo necesario.

A veces, estos objetivos requieren más tiempo del que habías previsto y, cuando el proceso se alarga, es fácil caer en la monotonía. Y con la monotonía llega el aburrimiento y la tentación de dejarlo todo por algo nuevo.

Pero para lograr resultados a largo plazo, es vital que te enfoques en un conjunto reducido de actividades diarias que son esenciales para el logro de tus metas. Aplicando el principio de Pareto, recuerda que el 20 % de tus esfuerzos generan el 80 % de los resultados. Enfócate en esas actividades claves y haz tu mejor esfuerzo.

He visto muchas personas que cambian constantemente sus objetivos, y esto generalmente se debe a miedos, pensamientos negativos o influencias externas. La idea de que hay demasiada competencia o escuchar opiniones desalentadoras refuerzan la pérdida de enfoque y alimentan las dudas.

El verdadero problema surge cuando te desvías de tu gran objetivo. Si abandonas tu meta original para probar algo nuevo, es muy probable que caigas en un ciclo repetitivo: abandonar, empezar de nuevo y volver a abandonar. Este ciclo consume tiempo, energía y recursos valiosos.

Para evitar este círculo vicioso, a continuación voy a desarrollar 4 claves que te ayudarán a mantener el enfoque y seguir avanzando hacia ese momento en el que puedas decir con gran satisfacción y orgullo "Lo he conseguido".

### 1. *Evaluación: optimiza tu entorno, energía y resultados*

Este es el momento de revisar con precisión tus actividades y resultados. Para ello, establece cortes trimestrales, semestrales y anuales, y compara las cifras presupuestadas con las reales. Este análisis detallado te permitirá identificar variaciones claves y realizar los ajustes necesarios en tu proceso.

Estas son las principales variaciones que debes calcular como Asesor en Subastas Inmobiliarias:

- ¿Cuántas subastas cisnes has mantenido en la base de datos?
- ¿Cuántos *leads* han generado tus publicaciones y acciones promocionales?
- ¿Cuántos contratos has logrado cerrar con clientes?
- ¿Cuántas adjudicaciones se han concretado en el mes, trimestre o año?
- ¿Cuántas ventas se han generado a partir de estas adjudicaciones?

Si detectas que el número de subastas cisnes en la base de datos es bajo, eso te indicará que necesitas ajustar los recursos o el tiempo que estás dedicando a esta tarea. Tal vez también debas evaluar si tu nivel de conocimiento sobre el proceso es el adecuado.

Si los *leads* son insuficientes, es hora de revisar el sistema de publicación y promoción que estás utilizando. Podría ser necesario actualizar tu estrategia o incluso cambiarla por completo.

Lo mismo ocurre con el análisis de contratos firmados, adjudicaciones y ventas. Cualquier desviación detectada debe llevarte a realizar ajustes específicos en el proceso afectado.

Además de calcular las desviaciones y tomar las medidas correctivas necesarias, es esencial ser consciente de que detrás de esos resultados existen factores determinantes que influyen en tu productividad y éxito. Te animo a que reflexiones sobre las actividades que realizas, cómo las haces y cuándo las llevas a cabo.

Para ello, te recomiendo prestar especial atención a estos elementos básicos para potenciar tus resultados:

A. Tu entorno personal

B. Tu nivel de entusiasmo y energía

C. Tu control emocional

D. Tu entorno físico

Veamos cada uno.

### A. Tu entorno personal

Aunque no lo parezca a priori, te puedo asegurar que tu entorno personal tiene un gran impacto en tu desarrollo. Divide tu entorno en tres categorías: familiar, profesional y social. Cada uno influye de manera distinta en tu vida y en tus objetivos.

Te cuento una experiencia personal: cuando lideraba equipos, me topaba con muchas personas preparadas y con potencial que se veían frenadas porque sus parejas no les apoyaban en las responsabilidades familiares y del hogar, aunque deseaban avanzar profesionalmente. Comprendí la importancia del entorno, este debe realmente apoyarnos, no solo de palabra, sino de acción.

Rodéate de personas que comparten tus ideales y te impulsen hacia delante. Las personas negativas, aquellas que disminuyen tu energía, deben ser alejadas. Tú decides con quién te rodeas, y si tu entorno no está alineado con tus metas, cambiarlo es una de las mejores decisiones que puedes tomar.

**B. Tu nivel de entusiasmo y energía**

Mantener el enfoque a largo plazo depende de tu capacidad para generar y conservar energía. Los grandes objetivos requieren un esfuerzo constante y para ello necesitas cuidar tus fuentes de energía.

Te comparto algunas claves para mantener un buen equilibrio entre mente y cuerpo:

- Energía espiritual: Practica meditación, joya o ejercicios de respiración cada día.
- Energía física: Mantente activo con ejercicio regular y una dieta equilibrada.

- Energía mental: Fija metas claras y prepárate para alcanzarlas.
- Energía empresarial: Genera subastas cisnes y *leads* constantemente.
- Energía emocional: Ama, ríe y disfruta cada momento.

Somos como depósitos de energía que necesitan ser llenados constantemente. Planifica tu día de manera que las primeras horas estén dedicadas a generar esa energía vital. Si sabes que funcionas mejor por la mañana, aprovecha ese tiempo para las tareas más importantes y deja el resto del día para cerrar las tareas pendientes.

### C. El control emocional

Comienza cada día con una inyección de energía emocional positiva. Tus emociones juegan un papel crucial en tu enfoque y productividad. Las emociones negativas, como la ansiedad o el desánimo, pueden desgastarte, pero si aprendes a gestionarlas conscientemente, puedes reducir su impacto.

En momentos de conflicto o tensión, párate un momento y reflexiona sobre la importancia real de la situación. Pregúntate: "¿Es tan grave como parece?" Muchas veces verás que no lo es, y así podrás disipar esa emoción negativa y actuar con serenidad y objetividad.

### D. Tu entorno físico

Tu entorno físico también influye en tu productividad. Evalúa si tu espacio de trabajo, herramientas y equipo son adecuados para mantener un flujo de trabajo eficiente. El orden y la ergonomía son esenciales para evitar distracciones y asegurar que tu concentración esté en su punto máximo.

¿Tienes todo lo que necesitas al alcance de la mano? ¿Tu espacio está organizado de manera que facilite tu trabajo? A veces, pequeños cambios en el entorno pueden marcar grandes diferencias en tu productividad. Si algo en tu entorno físico no está funcionando, no dudes en ajustarlo. Recuerda, tu espacio debe estar diseñado para potenciar tu éxito.

### 2. *Encuentra tu liebre*

La liebre es un mamífero ágil y rápido, cuya supervivencia depende de su capacidad para correr velozmente y escapar de sus depredadores. De manera similar, un atleta de élite tiene un objetivo claro: correr lo más rápido posible para mejorar su marca personal. Aunque los motivos de ambos son diferentes —la liebre corre por supervivencia y el atleta por superación—, ambos comparten el mismo principio: la velocidad como clave para alcanzar sus metas.

En el mundo del atletismo, la liebre tiene un papel fundamental. Se utiliza como acompañante en competiciones con un único objetivo: ayudar al corredor a mejorar su tiempo. Su labor es esencial para:

- Mantener un ritmo constante que permita al atleta administrar su energía.

- Reducir el tiempo en recorrer una distancia determinada.
- En algunos casos, romper un récord.

Sin embargo, la contribución de la liebre no se limita solo al aspecto técnico. Su presencia también tiene un fuerte impacto emocional, pues ayuda a mantener la motivación alta desde los entrenamientos hasta la competición. Muchos atletas de élite han mencionado en entrevistas que, al correr con una liebre, sienten que alguien los empuja hacia delante, como si tirara de ellos para que alcancen sus metas.

Este mismo principio se aplica a cualquier proyecto de gran envergadura en la vida. Todos necesitamos una "liebre" que nos mantenga responsables, que nos recuerde las acciones a las que nos hemos comprometido en nuestro gran plan. Esa persona que te haga revisar tus números, ajustar tus esfuerzos y no perder el enfoque.

Incluso siendo una persona disciplinada, mantenerte siempre en tu mejor forma durante un tiempo prolongado es complicado hacerlo solo. Necesitas esa "liebre" que te empuje, que te mantenga en guardia y te ayude a cumplir lo que te has propuesto. Alguien que te impulse a seguir avanzando hacia el éxito que estás buscando.

**Encuentra tu LIEBRE**

-Reforzará tus objetivos
-Te ayudará a revisar tus metas
-Te ayudará a alinear metas y estrategias
-Te ayudará a mantener el enfoque
-Te dará motivación
-Te retará a ti mismo

Ahora bien, ¿qué tipo de "liebre" necesitas para avanzar más rápido hacia tus objetivos? No todos funcionamos de la misma manera, ya que nuestras motivaciones y necesidades son distintas. Por eso es fundamental que explores las diferentes opciones disponibles y encuentres la que mejor se ajuste a ti. Aquí te presento algunas posibilidades:

**Mentoría:** Un mentor es alguien con una trayectoria sólida y experiencia comprobada en un área específica. Su función es compartir esa sabiduría contigo, guiándote en tu camino a través de sesiones de aprendizaje o encuentros donde te transmitirá sus conocimientos. Si tienes claro hacia dónde quieres ir y buscas a alguien que ya haya recorrido ese camino, la mentoría puede ser la opción ideal para ti.

***Coaching*:** es una disciplina profesional que requiere certificación. El *coach* te acompaña desde tu situación actual hasta el futuro que deseas construir. En este proceso, el tema lo eliges tú, y no es necesario que el *coach* sea un experto en ese campo específico. El verdadero poder del *coaching* reside en las preguntas e indagaciones que te llevará a hacer, ayudándote a encontrar las respuestas dentro de ti. Si buscas descubrir tu propio potencial y prefieres que te guíen a través de un proceso de reflexión y autodescubrimiento, el *coaching* es para ti.

**Consultoría:** Un consultor es un especialista en una materia concreta. Su objetivo es ofrecer soluciones prácticas para problemas que, hasta el momento, no has podido resolver. Analiza lo que ha ocurrido en el pasado, lo que está sucediendo en el presente y, a partir de ahí, identifica oportunidades y brechas. Al final, te entrega un informe con recomendaciones claras para implementar. Si necesitas una visión externa y experta para optimizar tus procesos o resolver un problema puntual, la consultoría puede ser lo que necesitas.

**Asesoría:** Aunque puede parecer similar a la consultoría, la asesoría tiene una diferencia clave: el asesor no solo te entrega un informe con recomendaciones, sino que trabaja de la mano contigo para asegurarse de que las soluciones se implementan de manera efectiva. El asesor aporta no solo conocimiento, sino también apoyo práctico, ayudándote a mejorar tus procesos y obtener resultados tangibles. Si prefieres que alguien te acompañe durante todo el camino, desde la planificación hasta la ejecución, la asesoría es la opción indicada.

Cada una de estas opciones tiene un enfoque diferente, pero todas están diseñadas para llevarte más lejos, más rápido. La clave está en identificar cuál es el tipo de apoyo que mejor se adapta a ti en este momento de tu vida o proyecto.

Persona con experiencia y trayectoria que comparte conocimiento a través del aprendizaje
Coaching
Mentoría
Acompaña del presente al futuro deseado, se basa en preguntas inducidas a encontrar respuestas por sí mismo
Especialista que ayuda a solucionar problemas que no han sido posible solu-cionarse inter-namente
Asesoría
Consultoría
Profesional que acompaña en la implementación de nuevos procesos, monitorea tiempos, proporciona recursos,etc

En una de sus muchas entrevistas, Steve Jobs compartió una reflexión poderosa:

"Mi trabajo no es hacerle las cosas fáciles a la gente. Mi trabajo es hacerlos mejores. Es reunir diferentes áreas de la compañía, despejar los caminos y conseguir los recursos para los proyectos claves. También es tomar a las personas importantes dentro de la empresa y apoyarlas para que sean aún mejores."

Este enfoque es clave para entender el verdadero significado del compromiso. No se trata solo de trabajar duro, sino de rodearse de personas que te impulsen a ser mejor. Aquí es donde entra la importancia de seleccionar a alguien que te acompañe en ese proceso. Puede ser un mentor, un *coach*, un compañero o un grupo de expertos. Lo fundamental es reunirse de forma regular para revisar tus objetivos y resultados.

La frecuencia de estas reuniones es muy importante. Cuanto más ambiciosos sean tus objetivos o más grande sea el crecimiento personal que deseas alcanzar, más frecuente deberá ser el seguimiento con tu "liebre" elegida. Esta persona o equipo no existe solo para hacerte las cosas más fáciles, sino para desafiarte, guiarte y ayudarte a llegar más lejos de lo que podrías hacerlo solo. El compromiso real exige rendición de cuentas, y estas reuniones te mantendrán enfocado en lo que realmente importa.

### *3. La mejora continua y renovación*

En un mercado en constante cambio, como Asesor en Subastas Inmobiliarias, tienes la responsabilidad de realizar una autoevaluación periódica y buscar continuamente mejorar tus procesos y servicios para asegurar el éxito a largo plazo. La clave está en la mejora continua, un proceso que te permitirá adaptarte y optimizar tu trabajo constantemente.

La mejora continua se puede desglosar en tres pasos esenciales: planificar, implementar y evaluar. Es un ciclo que te mantendrá en movimiento, asegurando que siempre estés avanzando hacia un mejor desempeño.

Dado que tu labor como asesor se basa en un conocimiento profundo y especializado del mundo de las subastas inmobiliarias, es imprescindible que te mantengas actualizado no solo en tu área específica, sino también en todas las disciplinas relacionadas con el sector. Las personas que logran el éxito invierten en su desarrollo, ya sea leyendo, viendo videos, asistiendo a cursos *online* o presenciales. Ven el aprendizaje no como una opción, sino como una inversión en sí mismos, un paso necesario para alcanzar sus metas.

Una vez que aceptes el reto de la mejora continua, experimentarás la emoción de descubrir todo lo que no sabías. Cada nueva habilidad adquirida abrirá puertas que ni siquiera sabías que existían, y esa sensación de crecimiento será el motor que te impulse a seguir aprendiendo sin detenerte jamás.

El deseo de aprender y mejorar constantemente es uno de los motores más poderosos en la vida. Nos llena de energía, de ilusión, y nos mantiene enfocados en nuestros objetivos.

## Renovación de procesos mediante el aprendizaje

Cuando observamos a personas que son verdaderas maestras en su campo, puede parecer que lo que hacen les resulta natural y sin esfuerzo. Sin embargo, en la mayoría de los casos este nivel de maestría es el resultado de años de práctica y perfeccionamiento. Estas personas han aprendido a manejar su energía de la manera más eficiente, y eso les permite obtener grandes resultados.

Uno de los mejores ejemplos es Michael Jordan. En una entrevista, le preguntaron cómo lograba encestar desde largas distancias con una precisión extraordinaria. Él respondió:

> *"Si me hubieras visto practicar miles y miles de tiros cada día, durante años, no te sorprenderías."*

Este es el poder de la práctica y la mejora continua. Si realmente estás comprometido con alcanzar grandes objetivos, también debes comprometerte con una vida basada en el aprendizaje continuo. Aprender te hace más fuerte, te llena de energía y te proporciona habilidades que te diferencian del resto.

### *Ventajas del aprendizaje continuo*

El aprendizaje constante no solo te prepara mejor para los desafíos, sino que te da una ventaja competitiva frente a quienes no se actualizan. Mientras ellos gastan más energía para hacer lo mismo, tú lo harás con mayor facilidad y eficiencia. Aprender no solo te distingue, sino que te aporta tres elementos fundamentales para el éxito:

- **Sabiduría:** Saber qué hacer.
- **Nuevas habilidades:** Saber cómo hacerlo.
- **Estrategia:** Saber cuándo hacerlo.

Estas nuevas destrezas te permitirán lograr más con menos esfuerzo. Además, el aprendizaje genera una sensación de logro y satisfacción que te impulsa aún más. Esa energía que sientes cuando logras algo nuevo, cuando te enfrentas a un reto y lo superas, es una fuerza muy real y poderosa.

El camino hacia el éxito está en constante evolución. Nunca dejes de aprender, porque cada paso que das hacia tu crecimiento personal y profesional te acerca más a tus objetivos. Y recuerda, en este proceso de mejora continua, el aprendizaje no solo es una herramienta, es el motor que te llevará a conquistar lo que te propongas.

## Para siempre

Si lo que buscas es diversificar y aumentar tus ingresos como Asesor en Subastas Inmobiliarias, lo lograrás aprendiendo y aplicando los fundamentos del Método ARZA. Te ayudará a aumentar exponencialmente tus comisiones, pero recuerda estos 3 puntos claves para afianzar ese éxito.

- Mantener un flujo constante de Subastas Cisne en tu base de datos

- Generar *leads* de manera continua y eficaz
- Aprovechar al máximo las herramientas de apoyo disponibles

Estos tres factores son la base de tu éxito. Pero no basta con solo enfocarse en ellos, es clave tener una metodología probada, implementarla y mantenerla en constante movimiento, como una rueda en constante movimiento generando esa energía que te impulsa a ir más allá, de romper tus propios límites para alcanzar tus objetivos de estabilidad y prosperidad.

Para lograrlo, es necesario llevar a cabo evaluaciones periódicas que te permitan medir tu progreso y ajustar tu estrategia.

A partir de ahora quiero que lleves contigo siempre una verdad fundamental: la formación es una inversión en tu futuro, y el éxito es una habilidad que puedes dominar.

Como dijo Benjamín Franklin, "si piensas que la formación es cara, prueba con la ignorancia". No importa dónde te encuentres en este momento, ni cuál es tu nivel actual; lo que realmente cuenta es tu disposición para aprender y evolucionar. Cada esfuerzo que hagas por aprender, ya sea a través de la práctica diaria o del estudio constante, es un paso hacia una mayor productividad y un éxito auténtico.

Te invito a seguir adelante con valentía y determinación. La vida que deseas y la abundancia que mereces están al alcance de tu mano. Cada día es una nueva oportunidad para acercarte a tus sueños, para aprender algo nuevo y para crecer. La Rueda de la Fortuna gira a tu favor cuando decides tomar el control y mantenerte en movimiento.

Recuerda que tienes el poder de moldear tu destino. Así que, con cada amanecer, despierta con la certeza de que tienes la capacidad de transformar tu vida. Sigue persiguiendo tus metas con pasión y dedicación. La vida está llena de posibilidades y tú eres el arquitecto de tu propia abundancia. Ahora es el momento de tomar las riendas y hacer que cada día cuente.

Por mi parte, te deseo lo mejor en tu travesía por este mar que es la vida, donde a veces el viento sopla a favor y otras las tormentas amenazan con hundirnos. Aunque siempre seguimos hacia delante, hacia nuestro destino, nuestro horizonte. Ha sido un placer poder compartir contigo mi conocimiento, espero que puedas sacarle el máximo provecho.

Únicamente me queda recordarte que esto que tienes delante es más que un libro, es una mano tendida y que, si lo necesitas, puedes contar conmigo.

Siempre.

Únicamente me queda recordarte que esto que tienes delante es más que un libro, es una mano tendida y que, si lo necesitas, siempre puedes contar conmigo a través del siguiente enlace:

https://esc.anea.me/az_contacto

# CONTENIDO ADICIONAL

He preparado una serie de contenidos adicionales para que puedas estar siempre actualizado. A través del siguiente enlace podrás acceder a información muy interesante para ti:

https://esc.anea.me/az_70

Aquí puedes descargar el Audiolibro,
leído por la autora totalmente gratis

https://esc.anea.me/az_audiolibro

Puedes encontrar más información sobre la actividad profesional de la autora Arlesis Zapata en:

www.arlesiszapata.com

info@arlesiszapata.com

@arlesiszapata

@arlesiszapata

@arlesiszapata

Si te gustó este libro, déjame tu comentario/reseña en Amazon. Para mí tu opinión es muy importante.

Entra en el enlace en función de tu país.

Muchas gracias

Amazon.com / Amazon.es (España) / Amazon.mx (México)

Made in United States
Orlando, FL
05 November 2026

90231066R00184